Lothar Simmank

111 himmlische Orte in Hessen, die man gesehen haben muss

111

emons:

Bibliografische Information der Deutschen Nationalbibliothek
Die Deutsche Nationalbibliothek verzeichnet diese Publikation in der Deutschen Nationalbibliografie; detaillierte bibliografische Daten sind im Internet über http://dnb.d-nb.de abrufbar.

Layout: Eva Kraskes, nach einem Konzept
von Lübbeke | Naumann | Thoben
Kartografie: altancicek.design, www.altancicek.de
Kartenbasisinformationen aus Openstreetmap,
© OpenStreetMap-Mitwirkende, ODbL
Druck und Bindung: CPI – Clausen & Bosse, Leck
Printed in Germany 2023
ISBN 978-3-7408-1494-6

Vorwort

Jahrtausendelang galt der Himmel als Dach der Erde, als Wohnsitz der Götter, als ewige Herrlichkeit, als paradiesische Heimat der Verstorbenen, als Zelt, an dem der Schöpfer die Gestirne aufgehängt hat. Nicht erst seit die bemannte Raumfahrt den Orbit erkundet hat, weiß man, was in Wahrheit über den Wolken ist: unendliche Weite nämlich. Schon am Ende des Mittelalters frustrierte Kopernikus Himmelsgläubige mit der nüchternen Erkenntnis, dass der Weltraum eine unermessliche kosmische Wüste sei.

Trotzdem geht es in diesem Buch um himmlische Orte – noch dazu im bodenständigen Hessen! Denn wer heute von »himmlisch« redet, meint nicht unbedingt das Kosmische oder gar Jenseitige des Himmels, sondern beschreibt zunächst etwas überirdisch Schönes. Ich erlebe eine Landschaft, ein Gebäude, einen Platz als himmlisch, wenn mich dieser Ort über meinen Alltag hinaushebt, mir glücklich machende Erkenntnisse eröffnet, mich innerlich berührt. Der Blick in den Himmel zeigt mir, wonach ich mich sehne. In diesem Sinne bergen himmlische Orte Geheimnisse, die hinter dem vordergründig Sichtbaren als Signale aus verborgenen Welten aufleuchten.

Auf den folgenden Seiten spielen magische Stätten, beseelte Orte, spirituelle Bauten, mystische Kraftplätze, religiöse Pilgerziele, aber auch ganz profane Fleckchen zwischen Oberweser und Odenwald eine Rolle. Dabei treffen Sie auf geweihte Oblaten ebenso wie auf schlachtwarme Wurst. Vor Ort den »Spiritus loci« zu entdecken funktioniert nur in der direkten Begegnung – mit Kelten und Chatten, Visionären und Apfelweintrinkern, Fußballern und Diakonissen, seltsamen Heiligen und liebenswerten Esoterikern.

Deshalb gibt es diesen Reiseführer mit Tipps zum Hinfahren und Anschauen. Folgen Sie den Anregungen und finden Sie heraus: Was machen himmelhohe Kirchturmspitzen, Baumkronen, Berggipfel, Sprungschanzen, Wolkenkratzer, Sterne, Segelflieger und Engel mit mir?

111 Orte

1 Der Lutherweg 1521

Luther to go

Was hat das hessische Alsfeld mit Martin Luther zu tun? Dazu ein bisschen Reformationsgeschichte im Schnelldurchgang: »Wenn das Geld im Kasten klingt, die Seele in den Himmel springt«, pries der Mönch Tetzel seine Ablassbriefe an. Das war zu viel für Luther. Den Himmel könne man sich nicht erkaufen, und der Papst sei geldgierig, protestierte er in seinen 95 Thesen, die er 1517 an die Wittenberger Schlosskirche schlug. Und schon war der Eklat da: Der renitente Mönch wurde nach Worms bestellt, wo er auf dem Reichstag widerrufen sollte. 14 Tage im Pferdewagen von Sachsen bis an den Rhein. Und das Ende der Reise? Luther sprach: »Ich kann nicht anders!«, wurde für vogelfrei erklärt und auf der Rückfahrt entführt. Als Gefangener auf der Wartburg übersetzte er das Neue Testament ins Deutsche.

Der »Lutherweg 1521«, ein 360 Kilometer langer Wander- und Pilgerweg von Eisenach nach Worms, der zum 500-jährigen Reformationsjubiläum 2017 eingeweiht wurde, lässt wichtige Stationen dieser dramatischen Reise nacherleben. Sie führte den Reformator auf der Handelsstraße »durch die kurzen Hessen« auch nach Alsfeld, einem der 39 Orte an der historischen Route. Von Alsfeld sind es noch 234 Kilometer bis Worms – zu Fuß ein schönes Stück. Luther hat 1521 hier auf der Durchreise übernachtet. Aber wo?

Neben dem prächtigen Fachwerk-Rathaus auf dem Marktplatz stand das Gasthaus »Zum Schwanen«, das im 19. Jahrhundert abgerissen und durch einen Gründerzeitbau ersetzt wurde. Darf hier der berühmte Übernachtungsgast vermutet werden? Oder hat der Augustinermönch nicht vielmehr im Kloster neben der Dreifaltigkeitskirche geschlafen, wie eine Inschrift ausweist? Denn Klosterleute mussten doch in der Ordensniederlassung nächtigen! Aber war Luther zu dieser Zeit überhaupt noch Mönch? Egal, wie und wo – die Luther-Entdecker-Route durch die Alsfelder Altstadt macht Spaß!

Adresse Tourist Center Alsfeld, Rittergasse 3, 36304 Alsfeld, Tel. 06631/182165, www.alsfeld.de, www.lutherweg1521.de | **ÖPNV** vom Bahnhof Alsfeld sieben Minuten Fußweg bis zum Marktplatz | **Anfahrt** A 5, Ausfahrt Alsfeld, Richtung Zentrum | **Tipp** Begegnungen mit Geschichte und Erleben von Glaubensfragen: Die Geschäftsstelle des Vereins »Lutherweg in Hessen« (Alsfelder Straße 1, 36329 Romrod, Tel. 06636/9189630) hält viele Infos für Wanderer und Pilger bereit.

2 Das Kloster Engelthal

Auf der Suche nach dem Geheimnis

Wer über den Vulkanradweg vom Vogelsberg-Städtchen Schlitz nach Altenstadt in der Wetterau radelt, verspürt am Ende der 94 Kilometer langen Strecke vielleicht ein dringendes Bedürfnis. Wahrscheinlich schon vorher, aber kurz vorm Ziel wird es selbst für Profis nach einem langen Tag im Sattel unaufschiebbar. Erlösung ist nach einem kurzen Schwenk in Sicht: Für Fahrradausflügler hält das Kloster Engelthal nämlich ein himmlisches Örtchen bereit. Die Toiletten auf dem Klostergelände dürfen von Gästen benutzt werden.

Aber natürlich kann man in der Benediktinerinnenabtei die Stille klösterlicher Atmosphäre auch ganz anders genießen. Denn das Gästehaus Kloster Engelthal ist geprägt durch die Gemeinschaft von Ordensfrauen, die hier ihr Leben und ihren Glauben miteinander teilen. Wer will, kann für ein paar Tage dazustoßen und in dem spirituell geprägten Haus Zeit verbringen, kann Abstand vom Alltag finden und in der Gruppe oder als Einzelgast eigenen Lebensthemen nachgehen. Exerzitien, Besinnungstage, Klausuren und Tagungen gehören zum Angebot des offenen Klosters.

Die Tage sind strukturiert durch die Gebetszeiten der Nonnen – morgens, mittags und abends können auch die Gäste daran teilnehmen. Vor und nach den Andachten lockt der schöne Gästegarten zum kontemplativen Aufenthalt. Hier spürt man die lange Geschichte des Ortes, denn bereits 1268 wurde das Kloster als Zisterzienserinnenabtei gestiftet, 1803 dann säkularisiert. Innerhalb der Mauern können Radtouristen und andere darüber sinnieren, was bis heute die Faszination des Klosterlebens ausmacht. Die Benediktinerinnen, die seit 1962 im Kloster Engelthal zu Hause sind, geben ihre eigene Antwort: »Das Angezogensein von Gott und seinem Geheimnis und die Suche nach ihm hat jede von uns Schwestern einmal an diesen Ort geführt. Hier fanden wir Frauen, die gemeinsam und verbindlich ihrer Gottsuche Gestalt geben.«

Adresse Benediktinerinnenabtei Kloster Engelthal, Klosterstraße 2, 63674 Altenstadt, Tel. 06047/96360, www.abtei-kloster-engelthal.de | **ÖPNV** Kloster von der drei Kilometer entfernten Bahnstation Altenstadt/Hessen per Taxi zu erreichen | **Anfahrt** A 45, Ausfahrt Altenstadt | **Tipp** Der Vulkanradweg schlängelt sich auf der Trasse der ehemaligen Oberwaldbahn durch eine herrliche Wald- und Wiesenlandschaft. Natur, Dörfer und Städte zeigen sich aus einer Perspektive, wie sie früher Bahnreisende erleben konnten (www.vulkanradweg.de).

3 Die Stiftsruine

Zum Fest läutet die Lullusglocke

Eine Kirche, in der Theater gespielt wird – und zwar im ganz großen Stil. Die Stiftsruine in Bad Hersfeld ist die größte romanische Kirchenruine der Welt. Die Dimensionen sind beträchtlich: Für die jährlich stattfindenden Hersfelder Festspiele wird eine Bühne von 1.400 Quadratmetern vor dem Querschiff eingebaut. Aus Gründen des Denkmalschutzes dürfen die Einbauten nicht das ganze Jahr über in der Ruine bleiben. Die Tribüne im Kirchenschiff bietet, im Bedarfsfall unter einem mobilen Zeltdach, fast 1.500 Zuschauern Platz. Die staunen über die beeindruckende Szenerie, wenn – wie zur Theatervorstellung in der Saison 2022 – Quasimodo als Glöckner von Notre-Dame eine Glocke zwischen den Ruinenmauern wild hin und her schwingt.

Die Idee, an diesem Ort Theater zu spielen, kam schon im 19. Jahrhundert auf. Der Direktor des Hersfelder Gymnasiums, ein gewisser Konrad Duden, wollte 1896 mit Laiendarstellern Volksfestspiele in der Stiftsruine etablieren.

Professionell gingen die Bad Hersfelder aber erst 1951 zur Sache. Seitdem kommen jeden Sommer berühmte Darsteller und viele tausend Zuschauer zu den Festspielen in die Kurstadt, um Dramen und Komödien, Musicals und Konzerte auf der Bühne zu sehen. Die Intendanten und Regisseure sorgen für den Glanz: Nicht selten laufen Weltstars und Prominente bei Premieren über den roten Teppich vor der Stiftsruine.

Eine Glocke spielt übrigens nicht nur im Stück über den Glöckner von Notre-Dame eine Rolle. Im Katharinenturm, dem separat stehenden Glockenturm an der Ostseite des ehemaligen Klostergeländes, hängt die Lullusglocke, die älteste datierte Glocke Deutschlands. Ihr Name erinnert an den Gründer Bad Hersfelds, den Bonifatius-Gefährten und Erzbischof von Mainz Lullus (gestorben 786). Ihm zu Ehren wird seit 852 das Lullusfest gefeiert. Auch hier wieder ein Rekord: Es ist das älteste Volksfest Deutschlands.

Adresse Bad Hersfelder Festspiele, Im Stift 6, 36251 Bad Hersfeld, Tel. 06621/640200, www.bad-hersfelder-festspiele.de | **ÖPNV** vom Bahnhof Bad Hersfeld 15 Minuten Fußweg | **Anfahrt** A 7, Ausfahrt Bad Hersfeld-West, über B 324 Richtung Zentrum | **Tipp** Eine Backstageführung zeigt die Bereiche für Schauspieler und Technik. Im städtischen Museum, in direkter Nachbarschaft zur Stiftsruine, ist die Dauerausstellung »Die große Faszination – Bad Hersfelder Festspiele seit 1951« zu sehen.

4 Die Ruine Krukenburg

Das Jerusalem an der Weser

Die Grabeskirche in Jerusalem ist eines der bedeutendsten Heiligtümer der Christenheit. Wer einmal in der Kapelle über dem Grab von Jesus erlebt hat, wie sich sechs verschiedene Konfessionen um diesen Ort streiten, kommt mit einem zwiespältigen Eindruck wieder raus. Auch Jesus blieb hier nicht lange – als Auferstandener verließ er die Grabhöhle bekanntlich am dritten Tag nach seiner Beisetzung.

Die Jerusalemer Heilig-Grab-Kirche wurde ein Exportschlager. Kopien gibt es einige auf der Welt. Ein Nachbau entstand Anfang des 12. Jahrhunderts auf einem Hügel hoch über der Stelle, wo das Flüsschen Diemel in die Weser mündet. Auf der Krukenburg bei Bad Karlshafen – heute eine gut erhaltene Ruine – fasziniert die kreuzförmige Johanneskapelle mit ihrem runden Hauptraum die Besucher. Ihr Grundriss entspricht dem der Grabeskirche. Ein berührendes Gefühl, wenn man sich auf die alten Mauern einlässt: Hier feierten Christen schon vor fast 1.000 Jahren Gottesdienste und Taufen, Mönche versammelten sich zu Andacht und Gebet. Freilich nicht wie jetzt unter freiem Himmel, sondern unter einem hölzernen Dachgewölbe. 100 Jahre später wurde die Burganlage rings um die Johanneskapelle hinzugefügt, um diese zu schützen.

Doch wie kommt die Kirche aus dem Heiligen Land ausgerechnet auf den hessischen Hügel? Die Pläne für den Bau soll Wino, einer der ersten Äbte des benachbarten Benediktinerklosters Helmarshausen, von einer Jerusalem-Wallfahrt im Jahr 1030 mitgebracht haben. Und so wie sie in Jerusalem bis heute zu sehen ist, befand sich in der Krypta unter der Rotunde sogar eine Nachbildung der Grabhöhle. Das Jerusalem an der Weser war damit perfekt. Im Kloster Helmarshausen nebenan entstanden kunstvolle Goldschmiedearbeiten und farbenprächtige Handschriften, darunter das berühmte Evangeliar Heinrichs des Löwen. Ein Duplikat des »teuersten Buches der Welt« ist im Museum ausgestellt.

Adresse Am Krukenberg 5 a, 34385 Bad Karlshafen-Helmarshausen, Tel. 01578/3972001, www.heimatverein-helmarshausen.de | ÖPNV Bus 523, Haltestelle Helmarshausen Krankenhaus, circa zehn Minuten Fußweg | Anfahrt von der B 83 den Hinweisschildern folgen | Tipp Vom »Café zur Krukenburg« aus blickt man bei Kaffee und Kuchen hinauf zur Burg und hinunter auf die Klosterstadt Helmarshausen (www.cafe-zur-krukenburg.de).

5 Das begehbare Labyrinth

Ein Baum als Schirmherr

Im Quellenpark von Bad Orb, von zwei Seiten durch die historische Stadtmauer geschützt, würde man so etwas nicht unbedingt vermuten: ein begehbares Labyrinth. Wer ein bisschen Zeit und Muße mitbringt, und das tun Kurgäste gemeinhin, lässt sich gern ein auf die verschlungenen Wege in sieben Umgängen, die zum Zentrum des Labyrinths führen. Magisch zieht es einen ins Innere. Beim Gehen über die Steinplatten löst sich die anfängliche Verwirrung, Schritt für Schritt kommt Ordnung ins Chaos. In der Mitte schließlich wächst ein Bergahorn – ungewöhnlich für ein Labyrinth.

Gestaltet wurde der meditative Ort vom Labyrinth-Planer Gernot Candolini, einem Österreicher, der dem uralten kulturgeschichtlichen Phänomen weltweit auf der Spur ist, viele Bücher über seine Faszination geschrieben hat, die alten Muster in der Landschaft aber auch immer wieder selbst neu designt. Auf dem Grundstück in Bad Orb war der Baum schon da, als der Initiator und Spender ihm den Auftrag erteilte, das Labyrinth auf der Wiese anzulegen. Für Candolini kein Problem: »Der Baum sollte bleiben, er hat in der Mitte seinen guten Platz, denn alle, die das Labyrinth begehen, kommen dort an. Viele haben das Bedürfnis, den Baum zu berühren. Er wird damit zum Schirmherrn des Labyrinths.«

Die Geschichte des Labyrinths ist so lang und seltsam wie sein verschlungener Weg. Vor 5.000 Jahren haben Menschen erstmals solche Symbole in Felswände geritzt, mit Steinen aufgelegt oder in den Rasen gestochen. Ob im Eismeer oder im Hochland von Mexiko, überall wurden Labyrinthe entdeckt. Sie bleiben geheimnisvoll. Die Verwendung über die Jahrtausende in den unterschiedlichen Kulturen lässt zwar so manche Deutung zu, aber viele Fragen bleiben offen. Das Labyrinth in Bad Orb ist erst wenige Jahre alt – aber wer weiß: Vielleicht kommt man dem Geheimnis ja beim Gehen auf seinen Linien auf die Spur.

Adresse Quellenring 5, 63619 Bad Orb | **ÖPNV** vom Bahnhof Bad Orb circa fünf Minuten Fußweg | **Anfahrt** A 66, Ausfahrt Bad Orb / Wächtersbach, B 276 Richtung Zentrum | **Öffnungszeiten** Führungen einmal im Monat, Infos bei der Kurverwaltung unter Tel. 06052/830 oder www.bad-orb.info | **Tipp** Ein weiteres Labyrinth mit einem Baum im Zentrum findet man im Garten des ehemaligen Franziskanerklosters im nahen Bad Soden-Salmünster, das heute ein katholisches Bildungs- und Exerzitienhaus ist (www.bildungshaus-salmuenster.de).

6 Die Feldkapelle

Wegzeichen zwischen Himmel und Erde

Eine runde Kirche ist schon etwas Besonderes. Berühmt sind die weißen Rundkirchen Bornholms, die der Bevölkerung auf der Ostseeinsel als mittelalterliche Wehrkirchen Zuflucht und Schutz boten. Doch das ist lange her und weit weg. Im Taunusdorf Langenseifen hatte man keine Angst vor feindlichen Angriffen, als dort 2010 eine runde Kirche gebaut wurde. Die hölzerne »Kapelle im Feld« ist jedoch mehr als das, sie ist fast kugelig. Aber nur fast, denn die unrunde Kuppel zeichnet in ihrer Form den Hang nach, auf dem sie steht. Auf herkömmliche Kirchenbauelemente wurde hier verzichtet: kein Turm, kein Kirchenschiff, keine Fenster. »Mutig« nennt man so einen Architektenentwurf.

Schon lange hatte sich die 500-Seelen-Gemeinde im südhessischen Rheingau-Taunus-Kreis ein eigenes Gotteshaus gewünscht. Doch Jahrzehnte gingen ins Land, und erst die Grundstücksspende eines Kirchenvorstehers ließ den Wunsch wahr werden. Bemerkenswert an der Baugeschichte: Der Altar war zuerst da! Auf dem Acker war nämlich sieben Jahre vor Einweihung der Kapelle eine vier Meter hohe und sechs Tonnen schwere Basaltlavasäule in den Boden versenkt worden. Wie ein gewaltiger Menhir ragt das obere, glatt geschliffene Ende heute im Inneren der Kapelle als Altartisch aus dem Fußboden. Ein Sichtfenster gibt den Blick in die Krypta unter dem Gottesdienstraum frei, wo die Säule aus der Erde wächst. Und von oben fällt durch ein Loch zum Himmel Tageslicht auf den Altar. Die Kuppel des Gebäudes umhüllt den Altarstein wie ein Mantel.

Wenn die Langenseifener hier zum Gottesdienst oder zu Konzerten zusammenkommen, riechen sie Holz: Die wie Schiffsplanken gebogenen Stützpfeiler wurden aus einheimischer Weißtanne gefertigt, die Stühle aus Buche, die äußere Hülle der Kuppel besteht aus Lärchenholz. Licht, Stein und Holz – mehr braucht es nicht, um in der geerdeten Feldkapelle die Kraft des Himmels zu spüren.

Adresse Kapelle Langenseifen, Vor der Horst, 65307 Bad Schwalbach, www.kapelle-langenseifen.de | Anfahrt A 66, Ausfahrt Martinsthal, dann B 260 bis Abfahrt Langenseifen, nach Ortseingang erste Straße rechts abbiegen, Kapelle nach kurzem Stück bergauf sichtbar | Öffnungszeiten Kapelle nur zu Gottesdiensten (1. So im Monat 11 Uhr) und Veranstaltungen zugänglich; Führungen, auf Anfrage auch in Gebärdensprache, mit Dr. Jens Lehmann (Tel. 06124/9589) oder Renate Neiss (Tel. 06124/9419) buchbar | Tipp Eine ganz andere Rundkirche steht in Darmstadt: Die katholische Ludwigskirche wird wegen ihrer runden Kuppel von den Einheimischen »Kääsglock« genannt.

7 Der Camino Incluso

Pilgerweg durchs Felsenmeer

Es ist nicht ungewöhnlich, dass es auf Pilgerwegen über Stock und Stein geht. Besonders viele Steine aber hat das Felsenmeer im Odenwald zu bieten, durch das ein recht neuer Pilgerweg führt. Der »Camino Incluso« wurde 2021 eröffnet. Er beginnt in Bensheim-Auerbach und schlängelt sich 84 Kilometer lang über sechs Etappen bis nach Heidelberg.

Der Wanderweg ist barrierearm, also leicht zu gehen und auch für Rollstuhlfahrer nutzbar, er schließt niemanden aus, sondern will für alle da sein. Ein gelber Pilgerbeutel markiert den Weg. Der ehemalige Bundestagspräsident Wolfgang Schäuble übernahm die Schirmherrschaft für das Projekt, das Schüler und Lehrer aus der Region umgesetzt haben.

Gleich auf der ersten Etappe stehen die Pilger zwischen Reichenbach und Beedenkirchen vor einem wahren Meer von Felsen. Atemberaubend: Im Wald verstreut liegen die mächtigen Steine wie in einem trockenen Flussbett und laden dazu ein, den Wanderweg zu verlassen und auf ihnen herumzuklettern. Spaß macht es aber auch, dem Strom der Felsen hinunter ins Tal mit den Augen zu folgen und sich vorzustellen, wie sie dort hingekommen sein könnten.

Dazu gibt es zwei Geschichten: Vor langer Zeit sollen im Lautertal zwei Riesen gelebt haben – der eine auf dem Felsberg, der andere auf dem Hohenstein. Eines Tages bekamen sie Streit und begannen, sich mit Felsbrocken zu bewerfen. Der Riese vom Hohenstein hatte viel mehr Steine zur Verfügung, sodass sein Kontrahent unter einem Meer von Felsen begraben wurde.

Die andere Story wird im Geopark-Infozentrum erzählt: Vor 340 Millionen Jahren kollidierten zwei Urkontinente, dabei entstand ein Gebirgsgürtel, und das Gestein des Erdmantels begann zu schmelzen. So auch der Quarzdiorit unter dem Felsberg. Die sich bildenden Gesteinsblöcke wurden während der Eiszeit von Wasser freigelegt und glatt gespült – das Felsenmeer blieb übrig.

Adresse Start des Pilgerwegs am Bahnhof, 64625 Bensheim-Auerbach; Felsenmeer-Infozentrum, 64686 Lautertal, www.felsenmeer-zentrum.de | **Anfahrt** A 5, Ausfahrt Zwingenberg/Bensheim-Auerbach, über K 67 bis zum Bahnhof; Wegbeschreibungen aller sechs Etappen unter www.caminoincluso.de, Etappe 1 (elf Kilometer) nach Beedenkirchen | **Tipp** Richtung Himmel klettern kann man auch in den Baumwipfeln des Kletterparks Darmstadt (www.kletterwald-darmstadt.de).

8 Die Herrnhuter-Siedlung

Herz und Herz vereint zusammen

Der schmale Weg führt zur ewigen Seligkeit, der breite in die Verdammnis. Für Pietisten, also für die Frommen im Land, eine klare Sache: Nur wer den steilen Pfad durchs Leben wählt, kommt am Ende in den Himmel, die anderen landen in der Hölle. Ein bisschen von der Herrlichkeit wurde im Büdinger Land sichtbar, wo sich 1738 rund 1.000 pietistische Christen der Brüder-Unität ansiedelten. In der Musterkolonie Herrnhaag lebten sie eine neue Form der Gemeinschaft unter Führung von Nikolaus Ludwig Graf von Zinzendorf, dem Liederdichter, Gründer und Bischof der Herrnhuter Brüdergemeine. Die Stadt Gottes in der Wetterau existierte allerdings nur für zwölf Jahre. Herrnhaag wurde verlassen, verfiel – und ist doch bis heute lebendig.

Jedes Jahr kommen zum »Frühlingserwachen« scharenweise Besucher auf das Gelände, um die verbliebenen historischen Gebäude zu besichtigen und auf dem Trödelmarkt bei Bratwurst und Kuchen mit den Freunden des Herrnhaag Kontakt zu pflegen. Bei einer Führung erfährt man mehr über die wechselvolle Geschichte der Brüdergemeine, deren Markenzeichen die »Losungen« (Bibelverse für jeden Tag) und der Herrnhuter Stern sind. Letzterer hängt nicht nur zur Weihnachtszeit im Grafenhaus im zweistöckigen Versammlungssaal – einem nüchternen Raum, der als Kirchsaal für Gottesdienste, aber auch als Wohnzimmer der Gemeinde für alle sonstigen Zusammenkünfte dient.

17 barocke Gebäude standen einst in Herrnhaag, in der Mitte das Brunnenhaus. Die Architektur der quadratischen Anlage sollte die Gleichheit der Brüder und Schwestern zum Ausdruck bringen. Kein Gemeindemitglied musste allein sein, man lebte und arbeitete in Chorhäusern. Mit der Gemeinschafts-Utopie war schnell Schluss, als der Büdinger Graf den Pietisten einen Eid abverlangte, den diese nicht zu leisten bereit waren. Heute sind eine ökumenische Lebensgemeinschaft und eine Jugendwerkstatt in Herrnhaag aktiv.

Adresse Freunde des Herrnhaag e. V., Herrnhaag 2, 63654 Büdingen-Herrnhaag, Tel. 06042/7461 oder 0176/45701831, www.herrnhaag.de | **ÖPNV** Bus X95, Haltestelle Büdingen-Lorbach Herrnhaag | **Anfahrt** A45, Ausfahrt Hammersbach, Richtung Ronneburg, über L3193 nach Herrnhaag, Hinweisschilder zwischen Büdingen und Diebach an der L3193 | **Tipp** Predigtversammlung: Die 230 Mitglieder der evangelischen Brüdergemeine Rhein-Main in Frankfurt stehen in der Tradition der Brüder-Unität von Graf von Zinzendorf (www.rheinmain.ebu.de).

9 Die Johanniter-Komturei

Das Loch in der Decke

Mit geschwärzten Mauern und Schieferdach steht es trutzig in der Wetterau: Das turmlose Kirchengebäude auf dem Gelände der Johanniter-Komturei in Nieder-Weisel ist fast 800 Jahre alt. Die Komturkirche war für den Ritterorden, der einst in den mittelalterlichen Kreuzzügen kämpfte, Zentrum der Niederlassung in Hessen. Mit der Säkularisation im 19. Jahrhundert wurde der Orden in Deutschland aufgelöst, die Kirche wurde zeitweise sogar als Kuhstall genutzt und verfiel, bis evangelische Adlige sich neu als Johanniter zusammenfanden und mit der Renovierung des romanischen Gotteshauses begannen.

Bis auf den heutigen Tag scheint alles gut in Schuss, erkennen Besucher bei der Innenbesichtigung – wäre da nicht ein kreisrundes Loch in der Kirchendecke. Hat man dort einen Bauschaden übersehen? Nein, das muss so sein. Denn die Kirche ist zweigeschossig – unten der Gottesdienstraum und obendrüber ein ehemaliger Krankensaal. Verbunden sind beide Ebenen durch ein Guck- und Schallloch, das es den Kranken auf ihren Lagern ermöglichte, zumindest akustisch am Gottesdienst teilzunehmen. Das Loch symbolisiert den doppelten Auftrag des Johanniterordens, der schon bei seinen Einsätzen im Heiligen Land zum einen militärisch für die Verteidigung des Glaubens eintrat, sich zum anderen aber auch mildtätig um die Armen kümmerte. In der Komturkirche kommen christlicher Glaube und sozialer Dienst durch das Loch im Kirchenhimmel sinnfällig miteinander in Beziehung.

Ganz im Sinne dieser Tradition treffen sich in Nieder-Weisel heute die immer noch meist adligen und ausnahmslos männlichen Ordensmitglieder vor dem Altar zum Ritterschlag. 4.200 Ritter gibt es europaweit. Aber auch Tausende Mitarbeitende der Johanniter-Unfall-Hilfe, Johanniterschwestern und ehrenamtlich Engagierte in verschiedenen sozialen Einrichtungen finden spirituelle Angebote zum Kraftschöpfen für ihren Dienst.

Adresse Geistliches Zentrum der Johanniter in Nieder-Weisel im Evangelischen Dekanat Wetterau, Johanniterstraße 7, 35510 Butzbach, Tel. 06033/749246, www.geistliches-zentrum-johanniter.de | ÖPNV vom Bahnhof Ostheim 15 Minuten Fußweg | Anfahrt A 5, Ausfahrt Bad Nauheim, über B 3 Richtung Butzbach-Süd, dann Abzweig nach Nieder-Weisel | Tipp Neben der Komturkirche stehen ein Tagungszentrum mit Seminarräumen und das Johanniter-Hotel mit Restaurant. Hier bekommt man auch den Schlüssel für die Kirche, falls die Türen zu sind. Im Ordenshaus, das bis 1973 noch das Krankenhaus für die nördliche Wetterau war, ist ein Meditationsraum untergebracht.

10 Der Wurstehimmel

Schlachtwarm muss es sein

50.000 Ahle Würste hängen auf dem Dachboden – ein wahrhaft himmlischer Ort für Genießer der nordhessischen Spezialität: Stracke, Dürre Runde, die dünne und die dicke Wilhelmsthaler – in vielen Formen und Geschmacksrichtungen baumeln die Wurstklassiker zum Trocknen in den Lehmkammern des alten Fachwerkhauses der Landfleischerei Koch in Calden und verströmen einen verführerischen Geruch. Bis zu einem Jahr bleiben die aus schlachtwarmem Schweinefleisch hergestellten roten Würste dort und verlieren während der langen Reifezeit fast die Hälfte ihres ursprünglichen Gewichts. Aber nur so kommen die handgefertigten Einzelstücke zu ihrem typischen Geschmack.

Herrin im Wurstehimmel ist Katharina Koch. Die junge Frau übernahm den Betrieb 2018 von ihrem Vater und führt ihn seither in fünfter Generation weiter. Dabei sah es zunächst ganz anders aus mit ihrer Berufskarriere: Sie studierte Politikwissenschaft in Berlin, machte den Masterabschluss an der Sorbonne in Paris und fand einen Job bei der UNO in New York. Doch letztlich zog es sie wieder in die Heimat, denn ihre Brüder wollten den Betrieb nicht übernehmen, und so wurde Katharina zur Fleischermeisterin, die sich nun aus Überzeugung ihrem Handwerk und der Wurstkultur widmet.

»Seit 140 Jahren machen wir, was jetzt Trend ist«, sagt die Wurstexpertin und verweist auf Bioqualität und regionale Vermarktung. Sogar vegane Experimente gibt es in der Metzgerei, nämlich nordhessisches Weckewerk, fleischlos hergestellt aus weißen Bohnen und Reiswaffeln. Vieles läuft innovativ – bei aller Traditionsliebe. Der Online-Vertrieb wächst, und mit der Uni Kassel arbeitet sie am Projekt »Künstliche Intelligenz (KI) trifft Alhe Wurst«. Dabei geht es um die digitale Steuerung des Reifeprozesses und um Qualitätskontrolle. Aber zunächst läuft alles wie gewohnt. Grunzen im Schlachtraum – gerade sind Schweine angeliefert worden.

Adresse Landfleischerei Koch, Mittelstraße 6, 34379 Calden, Tel. 05674/6106, www.wurstehimmel.de | **ÖPNV** ab ICE-Bahnhof Kassel-Wilhelmshöhe mit Bus 100 bis Haltestelle Calden Rathaus | **Anfahrt** A 44, Ausfahrt Zierenberg, über L 3214 Richtung Flughafen Kassel nach Calden | **Öffnungszeiten** Mo–Do 7–13 und 15–18 Uhr, Fr 6–18 Uhr, Sa 6–13 Uhr; Führungen mit Katharina Koch nach Vereinbarung | **Tipp** Schlachte- und Wurschtekurse kann man bei Metzgermeister Carsten Neumeier in Hessisch Lichtenau-Walburg buchen (www.ahle-wurscht.de).

11 Der Platanenhain

Im Horizont des Himmels

Essen, trinken, sich vergnügen – um die Jahrhundertwende war der Platanenhain auf der Mathildenhöhe keineswegs ein heiliger Ort, sondern diente den profanen Bedürfnissen der Darmstädter. Es gab eine Schankbude, ein Restaurant und eine Freilichtbühne für die Musik. Unter den ausladenden Kronen der Platanen, die fast 100 Jahre zuvor dort angepflanzt worden waren, weil sie als Bäume Jugendlichkeit, Stärke und Mut verkörperten, ließ es sich gut aushalten. Das Bier schmeckte, die Aussicht war gut – ein himmlischer Ausflugsort.

Eine ganz andere Qualität bekam der Park, als sich die Künstlerkolonie ein paar Jahre später auf der Mathildenhöhe etabliert hatte und die Hessischen Landesausstellungen für Kunst den Ort prägten. Großherzog Ernst Ludwig hatte 1911 den Bildhauer Bernhard Hoetger zum Professor der Künstlerkolonie berufen – gemeinsam war ihnen die Liebe zur ägyptischen und zur indischen Kunst. Im Zusammenwirken der beiden entstand im Platanenhain ein monumentales Gesamtkunstwerk: In dem Park mit den säulenartig angeordneten Bäumen schuf Hoetger wie in einem Freilufttempel Brunnen, Skulpturen und Reliefs, viele von ihnen von der ägyptischen Mythologie inspiriert.

Schon am Eingang, den die Figur einer heiligen Katze bewacht, finden sich Zeilen aus dem Sonnenhymnus von Pharao Echnaton: »Du erscheinst schön im Horizonte des Himmels, du lebende Sonne …« Werden und Vergehen in der Natur ist das Park-Thema. Religiöse Ausstrahlung haben auch die Reliefs hinter den goldenen Gittern mit den Titeln »Frühling«, »Sommer«, »Schlaf«, »Auferstehung«. Hoetgers Arbeiten, die mit schwer entzifferbaren Schrift-Hieroglyphen versehen sind, schaffen in dem nach allen Seiten hin offenen Raum unter dem Blätterdach eine kontemplative Atmosphäre. Die schätzen die Boulespieler, die den Platanenhain heute gern nutzen. Ein Kiosk unter Bäumen ist auch wieder zu finden.

Adresse Olbrichweg 11, 64287 Darmstadt, www.mathildenhoehe.eu | **ÖPNV** kostenloser Shuttlebus täglich zwischen 10.45 und 17.15 Uhr alle 30 Minuten von der Haltestelle Kongresszentrum darmstadtium hinauf zur Mathildenhöhe | **Anfahrt** A 5, Ausfahrt Weiterstadt, über B 42 Richtung Darmstadt-Nord zur Mathildenhöhe | **Öffnungszeiten** Park jederzeit frei zugänglich | **Tipp** Die Mathildenhöhe ist ein Gesamtkunstwerk, das 2021 UNESCO-Weltkulturerbe wurde. Alle Gebäude überragt der Hochzeitsturm, der 1908 von dem Architekten Joseph Maria Olbrich gebaut wurde (www.mathildenhoehe-darmstadt.de).

12 Die Russische Kapelle

Orthodoxe auf der Mathildenhöhe

Die Kirche war zuerst da: Die goldenen Kuppeln der russisch-orthodoxen Kirche der heiligen Maria Magdalena leuchten seit 1899 auf der Darmstädter Mathildenhöhe. Alle anderen Bauten des weltberühmten Jugendstil-Ensembles wurden später um sie herumgruppiert: Olbrichs Künstlerhäuser, die Ausstellungshalle, der Hochzeitsturm und Hoetgers Skulpturen im Platanenhain.

Erbauen ließ die Kirche der letzte russische Zar Nikolaus II., der die Schwester des Großherzogs Ernst Ludwig von Hessen-Darmstadt geheiratet hatte. Weil das Herrscherpaar bei seinen Besuchen in Darmstadt nicht auf einen Ort für den russisch-orthodoxen Gottesdienst verzichten wollte, ließ es Erde aus Russland importieren und darauf eine sehr russisch aussehende Kapelle errichten, die bis heute eine aktive russisch-orthodoxe Gemeinde beherbergt. Jeden Sonntag wird die »Göttliche Liturgie« in dem reich mit Ikonen und Mosaiken ausgestatteten Gebäude gefeiert, am Vorabend trifft man sich zu Nachtwache und Beichte.

Priester Ioann Grintschuk, der wochentags sein Geld als Schichtarbeiter in einer Fabrik verdient, versammelt zum Gottesdienst Gläubige aus Russland, der Ukraine, Belarus und anderen slawischen Ländern. Die »wunderschöne russische Sprache« sei ihm wichtig, betont er in einem Grußwort auf der Website, das die Einheit aller orthodoxen Christen beschwört. Die Darmstädter Gemeinde gehört zur Diaspora-Diözese des orthodoxen Bischofs von Berlin und Deutschland, deren Oberhaupt den moskautreuen Kurs des Patriarchen Kyrill in Kriegszeiten eher distanziert betrachtet.

Schwierige Zeiten kamen auch auf das Zarenpaar zu, nachdem die Oktoberrevolution 1917 die Bolschewisten an die Macht gebracht hatte. Der Zar musste abdanken. Schlimmer: 1918 wurden Nikolaus und Alexandra mit der gesamten Familie ermordet. Das Stifterpaar wurde im Jahr 2000 als Märtyrer von der Russisch-Orthodoxen Kirche heiliggesprochen.

Adresse Nikolaiweg 18, 64287 Darmstadt, Tel. 06151/424235, www.darmstadt-church.de | ÖPNV kostenloser Shuttlebus täglich zwischen 10.45 und 17.15 Uhr alle 30 Minuten von der Haltestelle Kongresszentrum darmstadtium hinauf zur Mathildenhöhe | Anfahrt A 5, Ausfahrt Weiterstadt, über B 42 Richtung Darmstadt-Nord zur Mathildenhöhe | Öffnungszeiten Di–Sa 11–15 Uhr, So 14–16 Uhr | Tipp Das große Wasserbecken mit Jugendstil-Ornamentik vor der Kirche wurde 1914 anlässlich der vierten Ausstellung der Künstlerkolonie nach einem Entwurf von Albin Müller und mit Figuren von Bernhard Hoetger ausgeführt.

13 Der Vortex Garten

Natur kapieren und kopieren

Das weiße Gartentor vor der Jugendstilvilla Haus Martinus im vornehmen Darmstädter Stadtteil Mathildenhöhe steht offen – »*Welcome to our garden*«, ist auf einer Kreidetafel zu lesen, und ein Gehweg aus eiförmigen Trittsteinen, flankiert von Laternen mit geheimnisvoll leuchtenden Mustern, lockt ins private Grün. Darf man hier wirklich rein?

Vorsichtige Schritte unter Bäumen führen – vorbei an Kunstwerken und Pflanzen – hinter das Haus. Andere Besucher folgen. Ja, es ist ein öffentlicher Privatgarten, eine herrliche Oase der Ruhe und der Anregung zugleich, in der alle Sinne auf ihre Kosten kommen. Ein wilder Mix aus Natur, Kunst und Esoterik. Denn alles in diesem Garten hat einen tieferen Sinn, wie in einem ausgelegten Flyer zu lesen ist: »Der Vortex Garten spiegelt die Sehnsucht nach einem Ort, wo Energien, die im Unsichtbaren walten, erinnert und gesammelt werden und dann beim Reflektieren darüber vielleicht in Erscheinung treten.«

Der Besucher stößt auf plätschernde Wasserspiele, Bienenhotels, Klangschalen, Hühnerskulpturen, verwunschene Sitzplätze, Kornkreismosaike. Alles schön anzusehen und zu bestaunen, aber eigentlich geht es hier um heilige Geometrie und kosmologische Zahlenverhältnisse. Alles hängt mit allem zusammen. Die 108 Gehwegsteine, die die Eigentümer um das Haus gelegt haben, sollen eine »lunare Reminiszenz« sein: Der Mondradius beträgt 1.080 Meilen, Silber hat das Atomgewicht 108, die Zahl 108 ist sowohl im Hinduismus als auch im Buddhismus heilig.

Nicht ganz leicht zu verstehen für Uneingeweihte, die keine Ahnung haben von Begriffen wie Lemniskaten, Vortex, Bionik und Permakultur. Vieles in diesem Garten, so erfährt man auf Tafeln, basiert auf Erkenntnissen des österreichischen Försters Viktor Schauberger (1885–1958), dessen Motto »Natur kapieren und kopieren« war. Zur Künstlerkolonie Mathildenhöhe passt dieser Ansatz gut.

Adresse Vortex Garten und Haus Martinus, Prinz-Christians-Weg 13, 64287 Darmstadt, Tel. 0178/8025400, www.mathildenhoehe.org | **ÖPNV** Bus F, FU, K, Haltestelle Mathildenhöhe, fünf Minuten Fußweg | **Anfahrt** A 5, Ausfahrt Weiterstadt, über B 42 Richtung Darmstadt-Nord zur Mathildenhöhe | **Öffnungszeiten** Garten bis circa 22 Uhr frei zugänglich | **Tipp** Im Haus Martinus kann man auch übernachten. In der Villa steht eine Suite mit Schlafzimmer und Wohnschlafzimmer für maximal vier Personen zur Verfügung. Außerdem finden regelmäßig Konzerte statt.

14 Der Franziskusgarten

Die Botschaft des Blauschafs

Das Blauschaf ist eine besondere Rasse. Die Ausführung aus Fleisch und Blut lebt in den Bergen Zentralasiens. Die Variante aus Gießharz steht unbeweglich in hessischen Gärten. Eine ganze Herde der letztgenannten Exemplare grast friedlich und stumm im Klostergarten von Dieburg. Die blaue Friedensherde besteht aus einem guten Dutzend Schaf- und Lammfiguren. Aufgestellt hat sie dort die Gartengruppe Franziskusgarten – das sind ehrenamtlich Engagierte der Dieburger Pfarrgemeinde St. Peter und Paul, die sich um den verlassenen Klostergarten kümmern. Das Blauschaf, so ihre Erklärung, sei ein Symbol für gegenseitiges Verständnis, tolerante Geisteshaltung und friedliches Miteinander. Die zentrale Botschaft der Kunstfiguren: Alle sind gleich – jeder ist wichtig.

362 Jahre waren die Kapuziner in Dieburg. Bevor die letzten Mönche um den prominenten Bruder Paulus Terwitte das Kloster im Jahr 2012 mangels Nachwuchs verließen, begann die Umgestaltung des Grundstücks zum Franziskusgarten. Die Idee: Der Sonnengesang des heiligen Franziskus, in dem er Bruder Sonne, Schwester Mond, Wasser, Luft und Mutter Erde mit ihren Blumen und Kräutern besingt, sollte die Anlage des Gartens bestimmen. Ein Ort zum Verweilen in Gottes Schöpfung entstand, in dem nicht nur die blaue Schafherde Platz fand, sondern auch ein Labyrinth, ein Kreuzgarten für Gebet und Meditation, die Versöhnungsbank, Wildblumen, Gemüse- und Kräuterbeete, ein Seerosenteich und Obstbäume.

Hinter der roten Ziegelsteinmauer, die den Parkplatz vom Garten trennt und dafür sorgt, dass der Verkehrslärm draußen bleibt, blüht, wächst und gedeiht es. Für das Klostergebäude überlegte man sich neue Nutzungen, etwa als Flüchtlingsunterkunft. Wenn man Glück hat, steht die Gartenpforte Besuchern offen. Das ist immer dann der Fall, wenn die ehrenamtliche Truppe vor Ort im Arbeitseinsatz ist. Mitarbeitende sind übrigens immer willkommen.

Adresse Klostergarten am ehemaligen Kapuzinerkloster, Minnefeld 36, 64807 Dieburg | **ÖPNV** RB 61 und RB 75, Bahnhof Dieburg, fünf Minuten Fußweg | **Anfahrt** aus Richtung Darmstadt über B 26, Ausfahrt Dieburg-Mitte | **Öffnungszeiten** Di, Do 14–17 Uhr, Sa ab 9 Uhr | **Tipp** Tage der offenen Gartenpforte finden einmal monatlich zwischen März und Dezember statt und sind Bestandteil des Programms GartenRheinMain, das die Gartenschätze der Frankfurter Region vorstellt (www.krfrm.de/projekte/gartenrheinmain).

15 Der Wilhelmsturm

Hessens größter Adventskranz

Johann Hinrich Wichern, Gründer des Rauhen Hauses in Hamburg, erfand den Adventskranz 1839, um seinen Heimzöglingen die Zeit des ungeduldigen Wartens auf Weihnachten zu erleichtern. Vier Kerzen, eine für jeden Adventssonntag, sollen auch in Dillenburg die Zeit bis zum Fest strukturieren. Doch die brennen nicht nur in Wohnstuben, sondern für alle sichtbar an einem himmlischen Ort hoch über der Stadt. Dem Wilhelmsturm, Wahrzeichen von Dillenburg, stülpt man vor Weihnachten vier riesige Kerzen auf die Ecktürme. So entsteht jedes Jahr Hessens größter Adventskranz.

Um die Dimensionen zu verdeutlichen: Der Turm ist knapp 40 Meter hoch, die aus roter und gelber Folie gebastelten und elektrisch illuminierten Kerzen messen 4,50 Meter. Wenn in den Abendstunden die Beleuchtung angeht, ist Aufmerksamkeit für den Turm auf dem Schlossberg garantiert. Unterhalb der Superkerzen findet nicht nur der Dillenburger Winterzauber statt, sondern auch ein besinnliches Programm verschiedener Kirchengemeinden, die an den wahren Sinn von Advent als Zeit der Erwartung, als Vorbereitungszeit auf die Ankunft Christi erinnern wollen.

Doch als himmlischer Adventskranz-Kerzenhalter wurde der Wilhelmsturm einst natürlich nicht erbaut. Er soll an Wilhelm den Schweiger erinnern. So wurde Wilhelm I. von Oranien genannt, der 1533 in der Residenzstadt Dillenburg geboren wurde. Der niederländische Staatsmann und Feldherr kämpfte in verschiedenen Schlachten für die Unabhängigkeit der Niederlande, weshalb er dort als »Vater des Vaterlandes« verehrt wird. Marianne von Oranien-Nassau, Tochter des niederländischen Königs Friedrich-Wilhelm, finanzierte den 1875 gebauten Wilhelmsturm maßgeblich mit. Heute sind im Wilhelmsturm das Standesamt und ein Museum zur Stadtgeschichte untergebracht, und nicht zuletzt ist er als Aussichtsturm beliebt, wenn er nicht gerade als Adventskranz über der Stadt leuchtet.

Adresse Schlossberg 3, 35683 Dillenburg, Tel. 02771/800065, www.museumsverein-dillenburg.de | Anfahrt A 45, Ausfahrt Dillenburg, am Kreisverkehr Richtung Schlossberg, Parkmöglichkeiten an der Straße »Auf der Schütte« vor den Tennisplätzen, von dort fünf Minuten Fußweg | Öffnungszeiten Di – So 10 – 12 und 13 – 17 Uhr | Tipp Acht Kilometer sind es von Dillenburg nach Herborn, das wegen seiner schönen Altstadt auch »Nassauisches Rothenburg« genannt wird und von Bauten aus acht Jahrhunderten geprägt ist – eine der am besten erhaltenen mittelalterlichen Innenstädte Deutschlands.

16 Das Kloster Eberbach

Zwischen Askese und Genuss

Wem beim Kloster Eberbach die Formel »Wein, Weib und Gesang« einfällt, der liegt gar nicht mal so verkehrt. Erstens sind die hier angebauten Weine berühmt für ihre herausragende Qualität. Zweitens beherbergte das Kloster zeitweise ein Frauengefängnis. Und drittens ist Kloster Eberbach eine der wichtigsten Spielstätten des Rheingau Musik Festivals.

Aber zunächst einmal verbinden sich mit dem Gebäude in der Nähe von Eltville hoch über dem Rhein weniger weltliche Dinge. In dem Zisterzienserkloster war Genuss jeglicher Art verboten, Askese wurde großgeschrieben. Das erfährt man bei einer Führung durch das fast 900 Jahre alte Kulturdenkmal. Bernhard von Clairvaux, ein Hardliner unter den Verfechtern der reinen christlichen Lehre, schickte ein Dutzend Mönche seines Ordens von Frankreich nach Deutschland. 1136 bezogen diese das leer stehende Kloster Eberbach, aus dem die Vormieter, Augustiner-Chorherren, vertrieben worden waren – wegen »Zuchtlosigkeit«!

Bei den strengen Zisterziensern herrschten andere Sitten: wenig schlafen und essen, siebenmal am Tag in der schmucklosen Basilika beten, dann arbeiten, ansonsten schweigen statt lachen. Wem das aus dem Kino bekannt vorkommt: Ja, der Film »Der Name der Rose« wurde tatsächlich teilweise im Kloster Eberbach gedreht! Man erkennt bei der Führung Schauplätze des mittelalterlichen Mönchskrimis wieder – Sean Connery lässt grüßen.

Im Gepäck hatten die Mönche aus Frankreich aber nicht nur strenge Klosterregeln, sondern auch Pflanzen ganz besonderer Art, die nach geleisteter Enthaltsamkeit für ein wenig Entspannung sorgten und auch viel Geld in die Klosterkasse spülten. Nein, Marihuana war es nicht – es waren Weinstöcke. Der Riesling gedeiht bis heute prächtig an den sonnigen Hängen des Klosters. Auf 230 Hektar wachsen die Reben für Weine und Sekte, die international ausgezeichnet werden. Probieren kann man in der Vinothek.

Adresse 65346 Eltville im Rheingau, Tel. 06723/9178100, www.kloster-eberbach.de | Anfahrt über A 66 Richtung Eltville, ab Walluf B 42, nach Ausfahrt Kiedrich der Beschilderung folgen | Öffnungszeiten April – Okt. Mo – Fr 10 – 19 Uhr, Sa, So, Feiertage 9 – 19 Uhr, Nov. – März täglich 11 – 18 Uhr | Tipp Weinproben kann man im Rheingau auch auf dem Weingut Schloss Johannisberg in Geisenheim erleben. Himmlisch schön: der Weinstand am Goetheblick (www.schloss-johannisberg.de).

17_Der Skulpturenpark

Himmlische Nachbarschaft von Kunst und Kirche

Irgendwie passen diese Nachbarn gut zusammen: der kommunale Skulpturenpark Eschborn, der Kunst zum Anfassen unter den freien Himmel stellt, und die evangelische Andreasgemeinde in Niederhöchstadt, die für Weltoffenheit und Buntheit steht. Das Kirchengelände grenzt direkt an den Park. Es gibt Berührungspunkte zwischen Kunst und Kirche an diesem Ort. Zum Beispiel beim GoSpecial. Diese moderne Art des Gottesdienstes wendet sich an Kirchendistanzierte, wurde in Niederhöchstadt erfunden und wird inzwischen an vielen Orten im deutschsprachigen Raum praktiziert.

Im Skulpturenpark vor der Skyline Frankfurts predigt der Theologe Fabian Vogt über »Die Kunst, die Welt zu verändern«. Es geht um große Namen wie Martin Luther, Sophie Scholl, Nelson Mandela. Im Video steht der Pfarrer inmitten einer überlebensgroßen Figurengruppe: »Das Versprechen« heißt das Kunstwerk von Stephan Guber, es ist 2010 innerhalb von acht Wochen vor Ort entstanden. Sieben Figuren gruppieren sich in einer Ellipse um ein großes Ei herum. Der Bildhauer arbeitete mit der Kettensäge an allen Holzskulpturen gleichzeitig, »um nicht zu konstruieren, sondern prozesshaft die Figuren und ihre Beziehungen im Raum untereinander zu entwickeln«, wie ein Audioguide erläutert.

Etwas Geheimnisvolles geht von der Figurengruppe aus. Das passt zum Inhalt der Predigt: Was ist es, das die Welt verändert? Worauf darf man warten und hoffen? Die rätselhaften Gestalten, die aus fernen Welten zu kommen scheinen, geben keine Antworten. Aber sie glauben an ein Versprechen. Wie die Menschen der Andreasgemeinde, die aus 2.200 Mitgliedern, zwölf haupt- und 300 ehrenamtlichen Mitarbeitern besteht: »Wir glauben, dass uns der Himmel offensteht. Und wir versuchen, mit unserer Arbeit Himmlisches unter uns Wirklichkeit werden zu lassen.« Das große Zukunftsprojekt: Am Skulpturenpark soll eine neue, größere Kirche gebaut werden.

Adresse Montgeronplatz 1, 65760 Eschborn-Niederhöchstadt, www.eschborn.de | **ÖPNV** S3, S4, Haltestelle Niederhöchstadt, von dort sieben Minuten zu Fuß | **Anfahrt** A66, Ausfahrt Eschborn-Niederhöchstadt, dann über Steinbacher Straße bis Langer Weg | **Tipp** Im »Buchladen 7. Himmel« der Andreasgemeinde kann man nicht nur Bücher kaufen. Die ehrenamtlichen Betreiber wollen einen Ort der Begegnung anbieten, in dem auch der Wiedereintritt in die Kirche möglich ist (Langer Weg 4, www.7himmel.info, Mo–Fr 10–13 und 15–18.30 Uhr, Sa 10–13 Uhr).

18 Die Quernst

Auf schmalem Pfad zur himmlischen Herrlichkeit

Auf alten Andachtsbildern ist die Sache klar: Der schmale Pfad führt zur Seligkeit, nicht die breite Straße. In der Kirche zeigt der Pfarrer Menschen den rechten Weg zum Glauben – im Wald bringt der Ranger Suchende auf die richtige Spur. So auch im Nationalpark Kellerwald-Edersee, einem von 16 staatlichen Naturreservaten in Deutschland, dem »Reich der urigen Buchen«. Auf die Frage »Wo geht's denn hier zur Quernst-Kirche?« rät der Ranger am Eingang »KellerwaldUhr« nicht zum bequemen Breitwanderweg, sondern zum schmalen Pfad durchs Unterholz: »Der ist charmanter«, lächelt der Insider.

Und tatsächlich, der Quernstpfad erweist sich als die bessere Alternative: Licht flirrt in den Blättern, Fliegenpilze sprießen aus dem Waldboden, die Samenkapseln des Springkrauts explodieren, wenn sie berührt werden. Über umgestürzte Bäume erreicht man nach einer halben Stunde die himmlische Herrlichkeit: Das ist die Quernst-Kirche, fern von menschlichen Siedlungen auf einer 550 Meter hohen Bergkuppe gelegen. Wie ein Hirte mit ausgebreitetem Mantel empfängt die 2006 errichtete Kapelle ihre Besucher. Im Inneren zaubern bunte Glasfenster eine besondere Stimmung. Die Aussicht draußen vor der Tür ist grandios: Bis ins 30 Kilometer entfernte Sauerland kann man gucken. Wie kommt eine Kirche an diesen einsamen Ort?

Auf dem Quernst – einem heiligen Hain, in dem einst die Germanen ihre Götter verehrten – stand vor Jahrhunderten schon einmal eine Kirche, zu der die Menschen aus den umliegenden Dörfern pilgerten, um ihre Kinder taufen zu lassen, um zu heiraten und um ihre Angehörigen zu begraben. Um 1400 jedoch wurde sie von den Menschen verlassen, vermutlich wegen eines Klimawandels. Spuren alter Grundmauern weisen auf die Vorgeschichte hin. Die »Kapelle des guten Hirten« wird heute nicht nur von Wanderern besucht, regelmäßig finden an Christi Himmelfahrt Gottesdienste statt.

Adresse Startpunkt zur Quernst: Nationalpark-Eingang »KellerwaldUhr«, 35110 Frankenau, Tel. 05621/9040250, www.nationalpark-kellerwald-edersee.de | Anfahrt über B 253 nach Frankenau, an der Kellerwaldhalle vorbei und der Straße circa drei Kilometer Richtung Parkplatz KellerwaldUhr folgen | Tipp Die KellerwaldUhr im Süden des Nationalparks zeigt eine Ausstellung über 3.000 Jahre kulturgeschichtliche Entwicklung – die wechselvolle Beziehung zwischen Mensch und Wald im Zeichen der Buche.

19 Das Bibelhaus

Wie Gott Himmel und Erde schuf

Wie ist der Himmel eigentlich entstanden? Oder war er einfach schon immer da? Eine Antwort (von vielen möglichen) auf diese Frage gibt die alttestamentarische Schöpfungsgeschichte. Schauen wir im Frankfurter Bibelhaus nach, dort muss man ja wissen, wie das zu verstehen ist, wenn im ersten Buch Mose, der Genesis, steht: »Am Anfang schuf Gott Himmel und Erde. […] Und Gott sprach: Es werde Licht!« Und dann schuf er das Oben, das Unten und das Dazwischen. Die Idee des Schöpfers für die Welt: »Es soll ein Gewölbe mitten in den Wassern sein, sodass es Wasser von Wasser trennt. […] Gott nannte das Gewölbe Himmel.«

So kann es der Besucher in einer Vitrine des Museums nachlesen. Nicht einfach in einer x-beliebigen Bibel, denn das Museum will seine Besucher erklärtermaßen mitnehmen auf eine Expedition in die jahrtausendealte Welt der Heiligen Schrift. Präsentiert werden die ersten Worte der hebräischen Bibel auf einem Fragment einer Schriftrolle, die 1947 bei Qumran am Toten Meer gefunden wurde und aus der Zeit um 50 vor Christus stammt – das älteste handschriftliche Zeugnis von der Erschaffung der Welt im Wortlaut der Bibel.

Wie man sich den Kosmos vorstellte, zeigt daneben eine bildliche Darstellung der sechs Schöpfungstage aus einer mittelalterlichen Handschrift. Ein Schichtenmodell bestimmte lange das Denken: Man nahm an, dass das Himmelsgewölbe die irdische Welt von den höheren himmlischen Mächten trennt und dass über diesem Firmament, an dem die Fixsterne befestigt sind, der Himmel, Wohnsitz Gottes und der Engel, beginnt. Theologisch war bis ins Mittelalter klar, dass die Erde das Zentrum der Schöpfung ist. Bald korrigierte das naturwissenschaftliche Weltbild diese Vorstellung. Doch das ist nicht die Botschaft des Bibelhauses. Das 2003 in einer ehemaligen Kirche eröffnete Museum beeindruckt mit archäologischen Funden aus der Zeit Jesu.

Adresse Metzlerstraße 19, 60594 Frankfurt am Main, Tel. 069/66426525, www.bibelhaus-frankfurt.de | **ÖPNV** U1, U2, U3, U8, Haltestelle Schweizer Platz/Museumsufer | **Öffnungszeiten** Di–Sa 10–17 Uhr, So 14–18 Uhr | **Tipp** Im benachbarten Städel Museum diskutieren regelmäßig ein Theologe und ein Kunstvermittler anhand eines Werkes aus der Sammlung über ethische und religionsphilosophische Fragen (www.staedelmuseum.de).

20__Das Haus der Stille

Für ruhesuchende Studenten

Zwischen den sieben Wohntürmen auf dem Frankfurter Uni-Campus Westend sieht das Haus der Stille aus wie eine gestrandete Arche. Der fast fensterlose Holzbau mit den abgerundeten Ecken sticht architektonisch aus seinem Umfeld heraus und setzt damit schon optisch einen Akzent in dem parkartigen Gelände der Goethe-Universität. Entspannt sitzen einige Studenten unter dem Baum vor dem Haus. Links und rechts daneben die Eingänge zur Katholischen Hochschulgemeinde und zur Evangelischen Studierendengemeinde.

Wie eine Kirche wirkt das Gebäude nicht, aber auch nicht wie eine Moschee oder Synagoge. Das ist gewollt, denn in der Tat soll das Haus der Stille kein Sakralbau sein, sondern ein Besinnungs- und Meditationsort, der Angehörigen aller Religionen offensteht. So hat es sein Träger, der Verein zur Förderung des interreligiösen Dialogs an der Goethe-Universität, festgeschrieben. Wer das Innere betritt, findet einen fast leeren weißen Raum vor. Religiöse Symbole aller Art fehlen. Ins Auge fällt lediglich das rote Hinweisschild für den Feuerlöscher und das grüne für den Notausgang. Außerdem schmücken noch zwölf goldene Tafeln der Heidelberger Papierkünstlerin Bara Lehmann-Schulz die Wand. Ein paar hölzerne Hocker und Bänke, das war's. In einem Wandschrank sind Gebetsteppiche versteckt. Über die Treppe zum Untergeschoss gelangt man zu den Sanitärräumen und den Fußwaschbecken für die rituelle Waschung vor dem islamischen Gebet.

Stille und Leere als Konzept – funktioniert das? Anfangs gab es Konflikte zwischen verschiedenen Nutzergruppen, die dazu führten, dass nur noch im Flüsterton gebetet werden darf. Der Dialog zwischen Angehörigen unterschiedlicher Religionen, den die Uni ja fördern will, muss außerhalb des Hauses der Stille stattfinden. Die gemeinsam erlebte himmlische Stille in der Arche aber soll solche Begegnungen erst möglich machen.

Adresse Siolistraße 7, 60323 Frankfurt am Main, www.uni-frankfurt.de/haus-der-stille | ÖPNV U1, U2, U3, U8, Haltestelle Holzhausenstraße, zehn Minuten Fußweg | Anfahrt A 66, Ausfahrt Miquelallee / B 8 | Öffnungszeiten werktags 9–18 Uhr | Tipp Die Schirn Kunsthalle in der Frankfurter Altstadt bietet durch ihre Glaskuppel nicht nur einen Blick in den Himmel, sondern ist bekannt für ihre hervorragenden Ausstellungen, zum Beispiel über den Künstler Marc Chagall (www.schirn.de).

21 Die Kirche in der Arena

Stadionkapelle der Frankfurter Eintracht

Im Frankfurter Waldstadion dreht sich alles um den Ball – nebenher vielleicht noch um Bier und Würstchen. Doch wer genau hinsieht, entdeckt – etwas versteckt im VIP-Bereich – die Stadionkapelle. Der knapp 100 Quadratmeter große ökumenische Andachtsraum in der Haupttribüne wurde 2007 von Vertretern der evangelischen und katholischen Kirche eröffnet. An Fußball-Spieltagen und wenn Großkonzerte im Deutsche Bank Park veranstaltet werden, bleibt die Stadionkapelle geschlossen. An allen anderen Tagen aber ist die »Kirche in der Arena« frei zugänglich, pro Jahr kommen bis zu 15.000 Besucher.

Pfarrer Eugen Eckert war von Anfang an dabei und ist auch nach seiner Pensionierung per Honorarauftrag weiter zuständig für die kirchliche Präsenz in der Fußballwelt. Für ihn ist die Kapelle ein himmlischer Ort: »Ein Ort der Stille und des Rückzugs, hier kann man runterkommen.« Fotos an der Wand erzählen von Begegnungen mit Prominenten und Normalos. Der Stuttgarter Kunstprofessor Werner Pokorny schuf die Ausstattung – Altar, Kanzel, Taufbecken, das transparente Kreuz und die 30 rot-schwarzen Stühle. Dass letztere gut zu den Vereinsfarben der Frankfurter Eintracht passen, sei eher ein Zufallstreffer gewesen, freut sich Eckert.

Zu ihm pilgern Fans, Spieler, Trainer, Funktionäre – aber auch andere Menschen. Oft geht es um Taufen und Hochzeiten, die in der Stadionkapelle stattfinden sollen. Pfarrer Eckert redet bei den Amtshandlungen in der Sprache des Fußballs: Es gehe um die begrenzte Lebens- und Spielzeit, um Regeln und Verantwortung, um Foul und Sünde, um Elfmeter-Helden und Versager, um Sieg und Niederlagen und um die, die im Abseits stehen. »Fußball bildet das Leben ab«, sagt Eckert. Ob Täuflinge und Paten im Eintracht-Trikot erscheinen, ist dem Pfarrer egal. »Wir wollen als Kirche ein niederschwelliges Angebot machen«, betont er. Der himmlische Ort der Stadionkapelle hilft dabei.

Adresse Mörfelder Landstraße 362, 60528 Frankfurt am Main; Kontakt zu Pfarrer Eugen Eckert unter Tel. 0151/50856595 | **ÖPNV** S 7, S 8, S 9, Haltestelle Frankfurt Stadion, zehn Minuten Fußweg bis zum Stadioneingang E 4, dann zum VIP-Bereich | **Anfahrt** über B 44 | **Tipp** Im Fanshop des Stadions, das offiziell Deutsche Bank Park heißt, kann man nicht nur Eintracht-Trikots, sondern auch den original Frankfurter-Eintracht-Schoko-Weihnachtsmann kaufen.

22 Das Kloster Liebfrauen

Auszeit für Banker, Passanten, Obdachlose

Am Vormittag reiht sich eine Gruppe von Männern im Innenhof des Liebfrauenklosters auf. Rucksäcke, Plastiktüten und mehrere Schichten Kleidung übereinander deuten darauf hin, dass sie auf der Straße leben. Sie warten auf Einlass zum Franziskustreff, wo wohnungslosen und armen Menschen ein Frühstück angeboten wird, das nur 50 Cent kostet. In der Frankfurter City gibt es für diesen Betrag sonst so gut wie nichts. Die Brüder des Kapuzinerklosters und andere Mitarbeitende bedienen ihre Gäste an Tischen, reden mit ihnen, haben Tipps für jeden einzelnen, verteilen bei Bedarf Kleidung.

Bruder Paulus Terwitte, als redegewandter Ordensmann in vielen Medien präsent, ist Vorstand der Stiftung. Entscheidend für den Umgang mit den Obdachlosen, die in Liebfrauen Hilfe suchen, sind für ihn Würde und Respekt. Die Männer und Frauen werden freundlich empfangen, ansonsten in Ruhe gelassen und zu nichts gedrängt. Für viele Stammgäste, die bei Tag und Nacht zwischen den Bankentürmen und in U-Bahn-Schächten touren und von der Fressgass bis zur Zeil durch die Fußgängerzonen irren, tut sich ein Stück Himmel auf, wenn sie durch die Klosterpforte treten.

Es ist ein Ort der Stille mitten im Trubel der Großstadt. Stadtbummler, Touristen und Geschäftsleute biegen einfach um die Ecke und sind da. In die Liebfrauenkirche, ein gotisches Gotteshaus aus dem 14. Jahrhundert, kommt man zu den Gottesdiensten, zum Gebet und wegen der Kirchenmusik. An der Statue der Muttergottes zünden Passanten eine Kerze an. Oder sie suchen das Gespräch mit den Mönchen und anderen Christen, die nicht nur für die Obdachlosen da sind. Seit rund 100 Jahren haben die Kapuziner hier wieder Fuß gefasst, heute leben acht Mönche im Kloster Liebfrauen. Im Turmzimmer finden Angemeldete ein offenes Ohr: 45 Minuten Zeit, um über Fragen des Lebens, Beziehungen, Arbeit und Glauben zu reden.

Adresse Liebfrauen – Kirche und Kloster mit Franziskustreff, Schärfengäßchen 3, 60311 Frankfurt am Main, Tel. 069/2972960, www.liebfrauen.net | ÖPNV S- und U-Bahn-Haltestelle Hauptwache, Ausgang Zeil/Katharinenkirche | Tipp Direkt vor dem Kloster (Liebfrauenstraße 2) findet man im Kirchenladen »punctum« Informationen über katholisches Leben in Frankfurt (www.punctum-katholisch.de).

23 Die Pilgerherberge

Himmlisch gebettet von Diakonissen

Pilger sind anspruchslose Übernachtungsgäste: Meist reichen ihnen eine Matte auf dem Fußboden und ein Schlafsack, wenn sie mal weg sind. Stockbetten auf Jugendherbergs-Niveau wären da schon gehobener Standard. Im Frankfurter Diakonissenhaus aber wird ihnen weitaus mehr geboten: ein eigenes Zimmer mit frisch bezogenem Bett, Bad, Telefon, WLAN und TV, Blick in den parkartigen Garten, dazu ein üppiges Frühstück. Das alles für 20 Euro, in einem besseren Viertel der Messestadt Frankfurt, wo ein Hotelzimmer sonst schon mal das Zehnfache kostet.

Oberin Heidi mag das Wort »Luxus« nicht in den Mund nehmen, aber komfortabel geht es in der Villa in der Cronstettenstraße schon zu. Die Frankfurter Diakonissen leben im Nellinistift aus dem Jahr 1913. Doch der Platzbedarf der Schwestern schrumpfte in den letzten Jahren permanent. Von den einst 40 Diakonissen mit Haube und Tracht leben noch zwölf, die meisten von ihnen sind hochbetagt. Im Mutterhaus entstanden immer mehr Gästezimmer, von denen einige auch an durchreisende Pilger vermietet werden. Die kommen verstärkt seit dem Reformationsjubiläum von 2017 vorbei. Am Seiteneingang der Villa, unter der Hausnummer 57, hängt daher ein Schild mit der Aufschrift »Herberge«.

Wer also zu Fuß auf dem »Lutherweg 1521« von Worms nach Eisenach unterwegs ist, kann hier, nicht weit vom Holzhausenpark und vom Uni-Campus Westend entfernt, Station machen, ein Zimmer beziehen, sich in der Kirche den Stempel fürs Pilgerbuch holen und die inspirierende Atmosphäre von Haus und Garten genießen. Geradezu mediterran wirkt die Oase der Ruhe inmitten der Großstadt, wenn man beim Frühstück auf der Terrasse der Jugendstilvilla sitzt. Auf dem kurzen Weg dorthin starten die Gäste mit der biblischen Tageslosung, die im Aufzug hängt, zur nächsten Pilgeretappe: »Siehe, ich will meinen Engel senden, der vor mir her den Weg bereiten soll.«

Adresse Cronstettenstraße 57–61, 60322 Frankfurt am Main, Tel. 069/271343250, www.diakonisse.de | **ÖPNV** U1, U2, U3, U8, Haltestelle Holzhausenstraße, fünf Minuten Fußweg | **Anfahrt** über B 8 und Miquelallee | **Tipp** Wer als Pilger auf dem Elisabethpfad von Frankfurt nach Marburg unterwegs ist, kann am Zielort in einer Pilgerherberge in der Waggonhalle unterkommen (www.elisabethpfad.de).

24 Der Stadtpilgerweg

Durch die Wolkenkratzer-Schluchten

Der Weg ist das Ziel – so lautet das Motto bei diesem Stadtpilgerweg durch Frankfurt. Elf Haltepunkte, die spirituelle Impulse vermitteln sollen, liegen an der rund fünf Kilometer langen Fußstrecke, die mitten durch die City führt. Vorbei an der markanten Hochhaus-Skyline mit den Bankentürmen und den historischen Wahrzeichen der Reichsstadt spaziert man durch eine Metropole, die vieles miteinander verbindet, was sonst in unterschiedliche Welten zerfällt. Führen lässt man sich dabei von einer kompakten Broschüre der Pilgerstelle des Bistums Limburg.

Auf geht's. Das klassische Pilger-Outfit mit Rucksack und Wanderstab ist hier weniger angesagt, bequeme Schuhe genügen für den anderthalbstündigen Weg. Startpunkt ist die Liebfrauenkirche, die auf dem Weg ins geschäftige Getümmel der Zeil in einem Hinterhof Ruhe und Schutz bietet. Knotenpunkte, Wendungen, Verzweigungen und Kreuzungen lassen sich an der Hauptwache entdecken – nicht nur die der Straßen, U- und S-Bahnen, sondern auch die des eigenen Lebens. Vor der Börse trifft man auf die berühmte Skulptur: Wer ist mir näher – optimistischer Bulle oder pessimistischer Bär? Durch die Schluchten der Bankentürme stößt man in der Kaiserstraße auf eine andere Seite Frankfurts: Armut, Abhängigkeit, Prostitution. In der Paulskirche wurden die Wurzeln der Demokratie gelegt. Ständiges Kommen und Gehen am Haltepunkt Römer. Im Kaiserdom lässt man die Weite des Raums auf sich wirken. Der Jüdische Friedhof am Börneplatz mit den 12.000 Namen Verfolgter will »Haus des Lebens« sein.

Über die Alte Brücke geht's auf die andere Mainseite. Der Wegabschnitt bis zum Eisernen Steg lädt dazu ein, durchzuatmen, das Treiben auf dem Wasser zu beobachten und ein paar Meter ganz in Stille zu gehen. Die Broschüre schlägt an dieser Stelle eine Meditation vor, und die untergehende Sonne taucht die Wolkenkratzer in goldenes Licht.

Adresse Heilig Kreuz – Zentrum für christliche Meditation und Spiritualität, Kettelerallee 45, 60385 Frankfurt am Main, Tel. 069/945484980, www.meditationszentrum.bistumlimburg.de; Broschüre zum Stadtpilgern in einer Box neben der Eingangstür oder zum Downloaden im Internet | ÖPNV S- und U-Bahn-Haltestelle Hauptwache, Ausgang Zeil/Katharinenkirche | Tipp Wer in Frankfurt den umgekehrten Blick vom Himmel auf die Erde sucht: Der Main Tower (Neue Mainzer Straße 52–58), mit 200 Metern das vierthöchste Hochhaus in Deutschland, bietet eine Aussichtsplattform (www.maintower.de).

25 Der stille Raum

Fly away

Die Tür schließt sich hinter dem Besucher, wohltuende Ruhe umfängt ihn. Aufatmen. An einem hektischen und lauten Ort wie dem Flughafen Frankfurt mit rund 70.000 Passagieren, die täglich durch Ankunfts- und Abflughallen hetzen, ist das Bedürfnis nach Ruhe groß. Draußen dröhnt, klappert, rauscht, düst und hallt es. Flucht aufs stille Örtchen als letzter Ausweg? Auch da ist man vor Störungen nicht sicher. Zum Glück gibt es einen echten Raum der Stille, wo himmlische Ruhe herrscht. Das Piktogramm zeigt einen sitzenden Menschen, über ihm gelbe Sterne. Also: Tür zu – und der Lärm der Lautsprecher, Rollkoffer und Stimmen in den riesigen Terminals bleibt außen vor, kein störendes Geräusch quält mehr die überstrapazierten Ohren.

Konzentrierte Gedanken werden möglich. Oder man schließt die Augen und träumt sich weg. »Wer Schmetterlinge lachen hört, weiß auch, wie Wolken schmecken.« Der Satz des Romantik-Dichters Novalis, der über der Glastür im Eingangsbereich steht, wirkt nach. Meditieren neben Kofferbändern und Anzeigetafeln. Der Raum der Stille im Terminal 2 bietet neben akustischer Ruhe auch optische Erleuchtung. Die mit Spiegelfolie verkleideten Wände reflektieren die eigenen Konturen. Das helle Licht und die beleuchteten Sitzwürfel halten die Gedanken wach: Ja, wie Wolken wohl schmecken?

Der Raum ist »konfessionsneutral gestaltet und bietet Menschen mit unterschiedlichen Weltanschauungen, Kulturen und Religionen einen Ort zum Innehalten«, formuliert die Flughafenverwaltung. Nebenan im muslimischen Gebetsraum zieht man sich die Schuhe aus, um den Gebetsteppich zu betreten. In der nüchtern gestalteten christlichen Flughafenkapelle treffen sich bepackte Menschen zu Mittagsgebet und Reisesegen. Ein Stein in einer Glasvitrine zeigt in der jüdischen Gebetsstätte die Gebetsrichtung Osten an. Insgesamt zehn religiöse Räume gibt es im Airport.

Adresse Terminal 2, Ebene 2, nahe Ankunft E (öffentlicher Bereich), 60547 Frankfurt am Main, www.frankfurt-airport.com | Anfahrt A 5, Ausfahrt Flughafen, den Schildern zum Terminal 2, Ankunft folgen | Öffnungszeiten täglich 5–23 Uhr | Tipp Ein zweiter Raum der Stille ist in Terminal 1, Ebene 3, nahe Gate Z11 (Transit) täglich 24 Stunden geöffnet. Unter der vergoldeten, wellenförmigen Decke schaffen philosophische Zitate in Kombination mit einem speziellen Lichtkonzept eine entspannte Atmosphäre.

26 Zum Gemalten Haus

Im Apfelwein-Himmel

»De Äppelwoi is en Göttertrank / den aane mächt er dick / den annern schlank« – so steht's im »Gemalten Haus« unter einem Bild von zwei Petzern, die das »gude Stöffche« in Gerippten zum Munde führen. Für Einheimische ist alles klar: Da prosten sich ein dicker und ein dünner Zecher mit ihren geriffelten Apfelweingläsern zu. Wer als auswärtiger Gast in dem Traditions-Apfelweinlokal in Frankfurt-Sachsenhausen alles verstehen will, braucht mitunter Übersetzungshilfe vom Tischnachbarn, den im Laufe des Abends mehrere Schoppen zum Babbeln gebracht haben und der sich in der Bempel-Wirtschaft wie im siebten Himmel fühlt. So viel ist klar: Geselligkeit ist eine Grundtugend der hessischen Apfelweinkultur, die jetzt auch zum Immateriellen UNESCO-Kulturerbe zählt.

Das Gemalte Haus verdankt seinen Namen den bunten Apfelwein-Fresken auf Innen- und Außenwänden. Die Fassade sticht heraus in Sachsenhausen, das sich als Mekka der Apfelwein-Genießer bezeichnen darf. Viele Lokale bieten hier Äppelwoi pur, sauer oder süß an, dazu Handkäs mit Musik, Frankfurter Grüne Soße, Rippchen oder Spundekäs – hessische Traditionsküche eben, die perfekt zum Apfelwein passt. Das Stöffche muss übrigens immer aus dem großen Bempel eingegossen werden, dem bauchigen graublauen Westerwälder Steinkrug, der mit flüssigem Inhalt gute zehn Kilo wiegt – eine Arbeit, für die gut trainierte Hessen hinter dem Tresen stehen.

Wo kommt der Apfelweinkult eigentlich her? Die Reblaus ist schuld: Im 16. Jahrhundert vernichtete der Schädling große Teile der Frankfurter Rebstöcke. Man suchte deshalb Alternativen zum Keltern der Weintraube und erinnerte sich an die zahlreichen Streuobstwiesen. Den Saft gepresster Äpfel ließ man in Fässern zu Apfelwein vergären. Das goldgelbe Stöffche schmeckte den Frankfurtern und war zudem billiger als der edle Wein. Seitdem reift überall in den Kellern der Äppelwoi.

Adresse Schweizer Straße 67, 60594 Frankfurt am Main, Tel. 069/614559, www.zumgemaltenhaus.de | ÖPNV U1, U2, U3, U8, Haltestelle Schweizer Platz; Tram 15, 16, Haltestelle Schwanthalerstraße | Öffnungszeiten Mi, Do, So 11–23 Uhr, Fr, Sa 11–24 Uhr | Tipp Lust auf einen Apfelwein zu Handkäs mit Musik unter freiem Himmel? Bei schönem Wetter sitzt es sich auch gut vor der Apfelweingaststätte Struwwelpeter am anderen Ende von Sachsenhausen (Neuer Wall 3).

27__Die Mariengrotte

»Ohrmuschel Gottes« im alten Steinbruch

Seit im Jahr 1858 die 14-jährige Bernadette Soubirous Marienerscheinungen hatte und am selben Ort wundertätiges Quellwasser in einer Felsgrotte entdeckt wurde, blieb in dem südfranzösischen Städtchen Lourdes nichts, wie es war. Eine regelrechte Flut brach los, immer mehr Pilger strömten in den Wallfahrtsort. Heute bieten Hotels und Herbergen 12.000 Gästebetten an, es gibt einen internationalen Flughafen, drei riesige Kirchen, und in 200 Souvenirläden kann man Plastikfläschchen für das Heilwasser kaufen.

Von diesen Dimensionen ist man in Horbach weit entfernt. Es ist sehr still an diesem himmlischen Ort im Wald, wenn nicht gerade eine Prozession zur »Ohrmuschel Gottes« führt. Aber die Marienstatue, die an einem kleinen Bach in einer Felsgrotte steht, sieht der Muttergottes von Lourdes sehr ähnlich. Haltung, Blick, Gewand – alles stimmt. Und auch diese Figur zieht Menschen an: »Maria hat geholfen«, ist auf vielen Tafeln zu lesen, die von dankbaren Besuchern rund um die Grotte hinterlassen wurden. »Danke für mein 3. Leben«, steht auf einem Schild mit Namen und Datum.

Wie aber kommt die Maria von Lourdes in den hessischen Wald? Es war auch hier Dankbarkeit – und zwar der Horbacher, dafür, dass ihr Ort im Zweiten Weltkrieg verschont geblieben war. Denn die Verteidigungslinie zur Westfront verlief mit fünf Bunkern direkt am Ortsrand, und man musste Kampfhandlungen vor der Haustür befürchten. Für Schutz von oben versprach man, der Muttergottes eine Grotte zu bauen. Und so kam es: Schon einen Monat nach dem glimpflichen Kriegsende erfüllten die Horbacher ihr Gelübde und schufen mit Meißel und Brecheisen die Grotte in einem alten Steinbruch, der einst Baumaterial für die örtliche St.-Michaels-Kirche geliefert hatte. Hier entstand eine Nachbildung der Grotte von Lourdes. Wie eine riesige Ohrmuschel Gottes sieht der Ort aus, an dem Maria die Gebete der Hilfesuchenden aufnimmt.

Adresse 63579 Freigericht-Horbach, Tel. 06055/3105, www.katholische-kirche-horbach.de | Anfahrt Parkplatz am Festplatz in der Parkstraße, von dort 20 Minuten Fußweg am Waldrand entlang über das Rosenkranz-Pfädchen, parallel zur L 3269 | Tipp Es gibt neun »Spessartfährten«, auf denen man den Spessart erwandern kann. Der zehn Kilometer lange Rundweg »Vorderspessartblick Horbach« führt auch an der Mariengrotte vorbei (www.spessart-tourismus.de/spessartfaehrten).

28 Die Gutshof Akademie

Kloster auf Zeit im Schäferhaus

Eine Nacht unter dem endlosen Sternenhimmel an Bord eines Kreuzfahrtschiffs im Persischen Golf – das hessische Unternehmerpaar Rainer und Ilona Wälde ist zu einem Sabbatical aufgebrochen, um seinen Träumen auf die Spur zu kommen und neue Kraft zu tanken. Fern der Heimat entsteht die Vision von einem Ort, an dem Spiritualität, Bildung und Gemeinschaft gelebt werden können. Das Bild eines Gutshofs inmitten einer wunderbaren Landschaft mit einem Rosengarten zeichnet sich vor dem inneren Auge ab.

Nach jahrelanger Suche werden die beiden in der nordhessischen Provinz im Schwalm-Eder-Kreis fündig. Es gibt ihn wirklich, diesen Traum-Gutshof: Das barocke Schloss Großropperhausen, eine unter Denkmalschutz stehende Anlage mit Herrenhaus, diversen Nebengebäuden und umgeben von einem weitläufigen Park, wird zum neuen Seminarzentrum. Hier bieten die Wäldes seit 2017 verschiedene Aus- und Weiterbildungen für Menschen an, die in die Selbstständigkeit starten wollen – als Personal Stylist, Speed Coach, Color Guide oder Waldbademeister.

Doch der Ansatz geht über Seminare für berufliche Neustarter weit hinaus. Denn ganz im Sinne ihres Traums machten die Gründer ihre Gutshof Akademie zu einem Zentrum für Sinnsucher und Sinnstifter. Exemplarisch für verschiedene spirituelle Angebote steht das »Kloster auf Zeit«, zu dem Ilona Dörr-Wälde Interessierte zu Auszeiten ins alte Schäferhaus einlädt. Fünf Tage in der Stille können auf dem Gutshof erlebt werden – eine knappe Woche Schweigen mit Tageszeitgebeten in der stilvoll eingerichteten Kapelle, die den Geist irischen Mönchtums atmet. Ein geistlicher Impuls am Morgen, Gespräche über die Bibel, gemeinsame Mahlzeiten in der gemütlichen Gutshofküche, Stöbern in der Bibliothek, Pilgern in der nordhessischen Natur und Gartenarbeit im Barockgarten machen das Klosterexperiment zu einem authentischen Erlebnis für Aussteiger auf Zeit.

Adresse Gutshof 2, 34621 Frielendorf-Großropperhausen, Tel. 05684/9226988, www.gutshof-akademie.de | **Anfahrt** A 7, Ausfahrt Homberg (Efze), dann auf B 323, vom Bahnhof Treysa per Taxi zum Festpreis zur Gutshof Akademie | **Öffnungszeiten** Infos über die Woche der Stille unter mail@klosteraufzeit.info | **Tipp** Das »Kloster Buddhas Weg« liegt mitten in der Stille des hessischen Odenwalds und ist ein kraftspendender Ort, der sich aller Aspekte des menschlichen Lebens annimmt (www.buddhasweg.eu).

29 Die Bürabergkapelle

Der Mönch mit der Axt

Vier Meter hoch reckt Bonifatius das Kreuz in Fulda in den Himmel. Auch vor dem Fritzlarer Dom steht ein Denkmal des Apostels der Deutschen: Bonifatius mit der Axt in der Hand. Fulda und Fritzlar waren Wirkungsstätten des berühmten Germanen-Missionars. Ausgangspunkt der Christianisierung der Hessen aber war der Büraberg, ein unspektakulärer Hügel im nordhessischen Wald. Hier befand sich im frühen Mittelalter eine Festung der Franken, die Bonifatius 741 zum Sitz des ersten hessischen Bistums machte. Das bestand aber nur sensationell kurze sieben Jahre, bevor es mit dem Bistum Mainz vereint wurde.

Doch zuvor war es in Hessen zum Culture-Clash gekommen. Unterschiedliche Kulturen prallten aufeinander, und zwar ziemlich heftig. Begleitet von Festungstruppen ging der Mönch mit der Axt von der Büraburg hinab ins Edertal, stieg auf der gegenüberliegenden Seite wieder hoch und fällte bei Geismar die Donareiche. Der legendäre Baum war der altgermanischen Gottheit Thor geweiht und diente den Chatten als Kultstätte. Die Baumfällung im Jahr 722 – ob eigenhändig oder nicht – war ein sinnfälliger Akt, der von allen verstanden wurde, auch von den germanischen Analphabeten, mit denen es die gebildeten angelsächsischen Mönche im Hessischen zu tun hatten. Die unmissverständliche Botschaft lautete: Der christliche Gott ist stärker als der heidnische.

Heute genießen Besucher des Bürabergs die schöne Aussicht vom Hochplateau auf den Fritzlarer Dom, der von hier aus in einstündiger Wanderung erreicht werden kann. Die Kapelle St. Brigida mit dem Friedhof ist das Einzige, was von der früheren Burg noch steht. Sie wurde zur Kathedrale, in der Bischof Witta während seiner kurzen Amtszeit residierte.

»Bettet ihn ahn auf seinem heilige berg / dan der Herr Unser Gott ist Heilig«, steht an der Chorwand. Die Kirchen- und Klostergründung auf dem Büraberg war Ausgangspunkt für die Gründung von Fritzlar.

Adresse Bürabergstraße, 34560 Fritzlar-Ungedanken | ÖPNV RE 30, RB 39 bis Bahnstation Ungedanken, circa 30 Minuten Fußweg | Anfahrt A 49, Ausfahrt Wabern, in Richtung Bad Wildungen bis Ungedanken, im Ort ausgeschildert | Öffnungszeiten Infos zu Führungen unter Tel. 05622/4369 oder www.buerabergkapelle-st-brigida.de | Tipp Wandern Sie den vier Kilometer langen Weg vom Büraberg durch die Ederauen nach Fritzlar und schauen Sie sich dort im Dommuseum das Scheibenreliquiar mit dem Kamm des Bonifatius an (www.katholische-kirche-fritzlar.de).

30 Der Dahliengarten

Blüten im Schatten des Doms

Der Fuldaer Dom ist das Wahrzeichen der Bischofsstadt, die manche auch als den »kleinen Vatikan Germaniens« bezeichnen. Warum? Die Kathedrale, über dem Grab des heiligen Bonifatius erbaut, sieht aus wie eine Miniaturausführung des prächtigen Petersdoms in Rom. Im Schatten der Kirche findet man jedoch eine noch viel kleinere Welt vor, die ebenfalls fasziniert. Wer den versteckten Eingang in einer Mauer direkt gegenüber dem Domplatz entdeckt, betritt den Dahliengarten – eine Oase der Ruhe und Erholung mit schönem Blick auf die Domturmspitzen.

Der kleine Dahliengarten passt gut zur Barockstadt Fulda mit ihren Parks. Über 30 verschiedene Sorten der langstieligen Blume blühen hier im Spätsommer und Frühherbst. In dieser Zeit explodieren die Farben auf engstem Raum. Während die Ohren himmlische Ruhe genießen, bietet sich den Augen ein Spektakel. In Weiß, Rot, Orange oder Pink – wie auf einem bunten Aquarell – leuchten die Blüten von über 65 verschiedenen Sorten: die rote »Sommerlachen« mit weißen Spitzen, die orange-rote »Maxime« mit gelbem Rand oder die »Pooh« mit gelben Spitzen und gelber Krause.

Dahlien kamen erst im 18. Jahrhundert aus Mexiko nach Europa, Alexander von Humboldt hatte sie im Gepäck. Die wunderbar volle Form ihrer Blüten, die aussehen wie bunte Bälle auf Stängeln, begeistert Blumenfreunde, aber auch Insekten wie den Kolibrischwärmer, dessen schwirrendes Treiben man im Park beobachten kann. Ende Oktober ist die Pracht vorbei, das eiserne Eingangstor bleibt dann verschlossen. Weil Dahlien nicht frosthart sind, müssen die Knollen ausgegraben werden und im Haus überwintern. Die Knolle der Dahlie ist übrigens essbar, sie geriet jedoch nach der europäischen Eroberung Südamerikas als Nahrungspflanze immer mehr in Vergessenheit. Zum Glück – denn sonst würden im nächsten Frühjahr aus weniger Knollen Dahlien sprießen und die Augen der Parkbesucher erfreuen.

Adresse Johannes-Dyba-Allee, 36037 Fulda (gegenüber dem Dom, Eingang über den Parkplatz der Caritas) | **ÖPNV** Busse 2, 3, 4, 5, 7, Haltestelle Fulda Dom | **Anfahrt** A 7, Ausfahrt Fulda-Mitte, Richtung Zentrum / Dom | **Öffnungszeiten** Mitte April / Anfang Mai – Okt. täglich 9 – 19 Uhr | **Tipp** Weitere Blumen begeistern mit ihren Blüten im Umfeld des Doms: Im Domdechaneigarten geht es um historische Rosen (www.bistum-fulda.de).

31 Die Weidenkirche

Gott begegnen unter flirrendem Grün

Als die Kathedralen erfunden wurden, staunten die Menschen über die himmelhoch strebenden schlanken Säulen, die den Wohnsitz Gottes auf die Erde holten. In der Weidenkirche von Steinberg ist dieser Effekt quasi eingebaut. Durch das lichte Blätterdach schauen Besucher in den offenen Himmel, die Sonne blitzt durchs grüne Laub, der Wind säuselt durch die Zweige – trotzdem genießt man die heilige Atmosphäre eines Kirchenraums.

2003 entstand dieser lebendige Sakralbau im Büdinger Land – ein Ort der Ruhe und Harmonie auf einem Hang mit Obstbäumen am Rand von Steinberg. Unter Anleitung des ideengebenden Vogelsberger Künstlers Thomas Hofmann schnitten die Dorfbewohner am Flüsschen Nidda Kopfweiden, stellten die bis zu sieben Meter langen Zweige ins Wasser, damit sie Wurzeln trieben, pflanzten die Weiden ein und flochten sie schließlich zu einem Kirchendach mit Kuppel zusammen. Täglich musste das zunächst zarte Konstrukt gegossen werden, mit den Jahren aber wurden die Holzäste stärker, das Blätterdach wurde dichter.

Inzwischen haben die Steinberger schon viele Taufen, Hochzeiten und Gottesdienste in ihrer Weidenkirche gefeiert. Altar und Taufbecken, gestaltet aus Naturstein, stehen unter dem grünen Gewölbe. Ein Weg aus Pflastersteinen, der verziert ist mit einem Kreuz und zwei Fischen, führt zwischen den Bankreihen hindurch zum Altar. Die Kirche bietet Sitzplätze für bis zu 75 Menschen, die zu den Steinberger Freiluft-Gottesdiensten – etwa an Christi Himmelfahrt – der evangelischen Kirchengemeinde Hirzenhain kommen. Mit viel Liebe gestalteten die Gemeindemitglieder auch das Umfeld ihrer schöpfungsnahen Andachtsstätte – je nach Jahreszeit schmücken Tulpen, Vergissmeinnicht oder Sonnenblumen den bunten Vorgarten. Kann eine Kathedrale aus Stein und Holz schöner sein als dieses fragile Gebilde aus flirrendem Grün? Im Winter vielleicht schon – im Sommer keinesfalls.

Adresse 63688 Gedern-Steinberg; Kontakt über Gemeindebüro der Evangelische Kirchengemeinde Hirzenhain unter Tel. 06045/1376 oder www.dekanat-buedinger-land.de | **Anfahrt** B 275 zwischen Lautertal und Friedberg, dann auf L 3185, Hinweisschild an der Dorfstraße beachten | **Tipp** Auch im südhessischen Rödermark (zwischen Frankfurt und Darmstadt) gibt es eine Weidenkirche – ein Gemeinschaftsprojekt der örtlichen evangelischen und katholischen Kirchen (www.petruskirche-urberach.ekhn.de).

32 Das Kloster Marienthal

Wo manchmal der Himmel die Erde berührt

»Maria hat geholfen. Maria hilft immer.« In Stein gemeißelt sind solche Sätze auf Marmortafeln dutzendfach im Eingang zur Klosterkirche Marienthal zu lesen. Oft sind diese Glaubenszeugnisse mit Namen und Datum versehen – wie zum Beweis, dass das im Inneren der Wallfahrtskirche befindliche kleine Bildnis der »Schmerzhaften Mutter Gottes«, die ihren toten Sohn auf dem Schoß trägt, tatsächlich zu jeder Zeit Wunder bewirken kann.

So wie beim allerersten Mal, als ein Jäger namens Hecker Henn in das stille Waldtal oberhalb von Geisenheim kam. Er hatte durch einen Unfall das Augenlicht verloren. Als er jedoch vor einem Marienbild, das an einem Baum hing, niederkniete, geschah das Wunder, und er war von seiner Blindheit geheilt. Das war im Jahr 1309. Seither pilgerten viele Menschen an diesen Ort, wo zunächst eine Kapelle und bald eine Kirche errichtet wurde, um hier zu beten und Maria zu verehren – der Wallfahrtsort Marienthal war geboren.

Über die Jahrhunderte ist das Kloster, das heute von Franziskanermönchen bewohnt wird, ein spiritueller Ort geblieben, der viele Menschen anzieht. »Ein Ort, wo manchmal der Himmel die Erde berührt«, wie ein Pilger ins Gästebuch schrieb. Nicht nur zu den Marienfesten kommen die Gläubigen und versammeln sich auf dem großen Freigelände hinter der Kirche. Im Wallfahrtskalender stehen übers Jahr verteilt Termine für Prozessionen, Pilgeramt und Marienlob. Die Wallfahrer suchen an diesem »Gnadenort« die Gnade Gottes, die andere Menschen vor ihnen dort erfahren haben – und sie stellen sich unter den mütterlichen Schutz der Maria.

Manchmal freilich hilft Maria anders, als man denkt. Als die Wallfahrtskirche im Zuge der Säkularisierung 1782 abgerissen werden sollte, wurde ein Maurer von dem einstürzenden Gewölbe erschlagen. Die Arbeiter sahen darin einen Fingerzeig Gottes und verweigerten den weiteren Abriss. Marienthal blieb.

Adresse Kloster Marienthal 1, 65366 Geisenheim-Marienthal, Tel. 06722/99580, www.marienthal.franziskaner.de | **Anfahrt** über A 66 und B 42 Richtung Rüdesheim, Kloster zwischen Geisenheim und Rüdesheim ausgeschildert | **Tipp** Dem Pilgerplatz schließt sich das 1915 angelegte Franziskusgärtchen an – ein skurriler Ort mit Skulpturen, die an liebe Haustiere erinnern und an dem die Botschaft des heiligen Franziskus, dass auch Tiere Geschöpfe Gottes sind, sinnfällig wird.

33 Die Godobertuskapelle

Wo Barbarossa das Herz gebrochen wurde

Das älteste Gotteshaus Gelnhausens ist die Godobertuskapelle, die etwas außerhalb der alten Stadtmauern an einem Hang steht, wo früher einmal Weinberge waren. Gebaut wurde die Kapelle vermutlich im 9. Jahrhundert in der historischen Siedlung Godebrechtshausen – einem der drei Dörfer, die später zu Gelnhausen wurden. Die Architektur des schlichten Gebäudes weist darauf hin, dass es sich um eine Doppelkapelle handelt. Bis heute ist zu erkennen, wo einmal die Zwischendecke gewesen sein muss. Bei einer Stadtführung erfährt man: Oben gingen die hohen Herrschaften zum Gottesdienst, unten das einfache Volk. Der Prediger befand sich zwischen beiden Stockwerken, sodass die Höhergestellten seinen Kopf und Oberkörper sahen, die einfachen Leute das Unterteil.

Es gibt noch andere Geschichten, die mit der Godobertuskapelle verbunden sind: Der Sage nach soll sich der spätere Kaiser Friedrich Barbarossa in die schöne Grafentochter Gela verliebt haben. Täglich besucht das junge Paar gemeinsam die Messe in der Godobertuskapelle. Als Friedrich zum Kreuzzug aufbrechen muss, versprechen sie sich, bis zur Rückkehr aufeinander zu warten. Doch dann bekommt Gela die schlimme Nachricht, Friedrich sei im Morgenland gefallen. Untröstlich geht sie ins Kloster. Wenige Tage später erweist sich die Todesmeldung als Fake News: Friedrich kehrt wohlbehalten nach Gelnhausen zurück. In der Godobertuskapelle muss er sehen, dass seine Braut als Nonne vor dem Altar kniet. Traurig verlässt er die Kapelle. Das Ende vom Lied: Gela wird Äbtissin im Kloster Langenselbold, und Friedrich heiratet später Beatrix von Burgund. Im Volksmund heißt die Kapelle seit dieser Zeit »Gela-Kapelle«.

Heute jedoch werden an diesem tragischen Schicksalsort Paare getraut und fürs Leben glücklich gemacht: Die Godobertuskapelle ist nämlich eine Außenstelle des Gelnhäuser Standesamts, wie das Türschild verrät.

Adresse Godobertusweg 3, 63571 Gelnhausen | ÖPNV vom Bahnhof Gelnhausen circa zehn Minuten Fußweg zur Kapelle | Anfahrt A 66, Ausfahrt Gelnhausen, auf L 3333, dann Barbarossastraße Richtung Untermarkt | Öffnungszeiten Besichtigung im Rahmen von Stadtführungen, Infos bei der Tourist-Info, Obermarkt 8, unter Tel. 06051/830300 oder www.gelnhausen.de/tourismus | Tipp Ein berühmter Sohn der Stadt ist Hans Jakob Christoffel von Grimmelshausen (1621–1676), Autor des barocken Simplicissimus-Romans. Sein Geburtshaus in der Schmidtgasse 12 ist heute ein Hotel, in dem man übernachten kann.

34 Die Marienkirche

Fünf Türme für ein Halleluja

Im Mittelalter war Gelnhausen eine der reichsten Städte des Heiligen Römischen Reiches Deutscher Nation. Um das Jahr 1200 hatte die Stadt, die auf halbem Weg zwischen Frankfurt und Fulda liegt, mit das höchste Steueraufkommen. In dieser Zeit ließ Kaiser Barbarossa die Kaiserpfalz in der Kinzigaue erbauen, und gleichzeitig entstand die Marienkirche. Berühmt ist sie wegen ihres romanisch-gotischen Übergangsstils – es kommt eben auf die Mischung an.

Heute ist die weithin sichtbare Kirche mit den fünf Türmen ein Wahrzeichen der Region. Umgeben von bunten Fachwerkhäusern, hat sie sich im Laufe der Jahrhunderte auf dem Altstadt-Hügel behauptet.

Aber nicht nur der äußere Eindruck ist nachhaltig – Besucher, die die Marienkirche durch das westliche Hauptportal betreten, geraten beim Anblick ihres Inneren ins Staunen. Vom eher schlichten Vorraum aus schaut man durch den Mittelgang bis zur Vierung, wo sich Lang- und Querschiff der Kirche kreuzen. Dort erhebt sich der gotische Lettner – eine bauliche Schranke, die Laien- und Priestermönche voneinander trennen sollte. Eigentlich ein Unding für eine nach der Reformation evangelisch gewordene Kirche, aber in Gelnhausen gibt es diese Mauer, die den Chorraum und den Hochaltar separiert, eben immer noch.

Zum Glück! Denn die kunstvoll gestaltete Steinmetzarbeit des Naumburger Meisters stellt in sprechenden Figuren das biblische Weltgericht dar: rechts der Zug der Verdammten auf dem Weg in die Hölle, links der Zug der Seligen auf dem Weg in den Himmel. Interessant: Unter den Verdammten finden sich Repräsentanten der weltlichen und kirchlichen Macht, die Seligen dagegen sind eher bescheiden gekleidete Menschen, die sich gegenseitig helfen. Eine Botschaft, die auch für die weniger Gebildeten im wohlhabenden Gelnhausen begreifbar war: Macht und Reichtum führen ins Verderben, Demut und Barmherzigkeit in den Himmel.

Adresse Braugasse 1, 63571 Gelnhausen, Tel. 06051/14122, www.marienkirchegelnhausen.de | ÖPNV vom Bahnhof Gelnhausen circa zehn Minuten Fußweg zur Marienkirche | Anfahrt A 66, Ausfahrt Gelnhausen, auf L 3333, dann Barbarossastraße Richtung Untermarkt | Öffnungszeiten täglich 9.30–17.30 Uhr | Tipp Das Romanische Haus am Gelnhausener Untermarkt, früher Amtssitz des kaiserlichen Vogts, später Rathaus und heute evangelisches Gemeindehaus, mit dem eindrucksvollen Kaisersaal und dem Gewölbekeller ist ebenfalls einen Besuch wert.

35 Der Sternenpark Rhön

Licht aus, Sterne an!

Der Blick in die Sterne hat die Menschen schon immer fasziniert: Was funkelt da oben am nächtlichen Firmament? Verrät die Position der Sterne tatsächlich etwas über das eigene Schicksal? Bieten die Sterne Orientierung für die Zukunft?

»Sterndeuter« Mario, mit dem eine kleine Gruppe kurz vor Mitternacht die Wasserkuppe besteigt, hat mit Astrologie nichts im Sinn. Bei der Sternenparkführung, die in der Rhön zu später Stunde angeboten wird, geht es ausschließlich um den astronomischen Blick in den Himmel, also um die Wissenschaft, die sich der Beobachtung der Gestirne widmet. Und man kann einiges entdecken, wenn der Himmel sternenklar und es so stockfinster ist, dass man auch schwach leuchtende Himmelskörper gut erkennen kann. Per Laserpointer schickt Mario zunächst einen hellen Lichtstrahl auf das Sternbild, das allen geläufig ist: Sieben Punkte bilden den Großen Wagen, das Trapez mit der Deichsel ist schnell gefunden. »Großer Bär« wird das Sternbild am Nordhimmel auch genannt, für Amerikaner ist es die »große Schöpfkelle«. Und fünf Sterne weiter oben leuchtet der Polarstern, Alpha Ursae Minoris, der wiederum der hellste Stern im »Kleinen Bären« ist.

88 Sternbilder kennt die Astronomie, einige sind am Rhöner Nachthimmel nach fachkundigem Hinweis auszumachen – etwa Delphin, Schwan oder Cassiopeia. Sie alle befinden sich in der Milchstraße, einer Galaxie aus geschätzten 100 bis 400 Milliarden Sternen. Während ein kalter Wind um die Radom-Kugel pfeift, staunen die Besucher über den milchigen Nebel am Himmel, den man sonst nie sieht. Unten im Tal leuchten mild die Lichter von Fulda. Umweltverträgliche Beleuchtung soll die natürliche Nachtdunkelheit bewahren. Auch die anderen Rhön-Orte haben sich zur Reduzierung von Lichtverschmutzung verpflichtet, seit das UNESCO-Biosphärenreservat Rhön 2014 zum Sternenpark deklariert wurde. Es gilt das Motto: Licht aus, Sterne an!

Adresse Tourist-Information Wasserkuppe, Wasserkuppe 1, 36129 Gersfeld, Tel. 06654/917120, www.sternenparkrhoen.de | **ÖPNV** Bus 35, 37, 90 (Fahrrad- und Wanderbus Mai–Okt.), Haltestelle Wasserkuppe | **Anfahrt** A 7, Ausfahrt Fulda-Mitte, auf B 458, dann L 3068 (Wasserkuppenstraße) | **Öffnungszeiten** Termine für Führungen siehe Website; im Sommer Rhöner Sternenparkwochen mit besonderen Angeboten | **Tipp** Im Fuldaer Vonderau Museum gibt es ein kleines Planetarium, in dem Besucher computeranimierte virtuelle Reisen durch die Weiten des Universums erleben können (www.fulda.de/planetarium).

36 Der Alte Friedhof

Vom Pestacker zum Park

Der Physiker Wilhelm Conrad Röntgen (1845–1923) war ein Mann mit besonderem Durchblick. Mit Hilfe elektromagnetischer Wellen gelang es ihm, ins Innere des menschlichen Körpers zu schauen. Das revolutionierte die Medizin, Knochenbrüche etwa konnten nun sicher diagnostiziert werden. Der Entdecker der X-Strahlen liegt im Familiengrab auf dem Alten Friedhof in Gießen, wo er seine erste Professur hatte.

Ist der Alte Friedhof deshalb ein himmlischer Ort? Nein, die wenigsten betreten heutzutage die größte Grünfläche der Innenstadt, um die prominente Ruhestätte des Nobelpreisträgers zu besuchen. Sie kommen vielmehr, um mit ihren Hunden spazieren zu gehen, auf der Wiese zu liegen, Kindern das Radfahren beizubringen oder um die Eichhörnchen in den großen, alten Bäumen zu beobachten. Aus dem einstigen Pestacker, der im 16. Jahrhundert angelegt wurde, um 1.500 Seuchentote in Massengräbern zu bestatten, ist ein beliebter Stadtpark geworden. Himmlische Ruhe kann man hier genießen, der Lärm der viel befahrenen Licher Straße bleibt draußen vor den Mauern. Ein von Gießener Geschichtsstudenten erarbeiteter Audiowalk erklärt die wichtigsten Punkte der Anlage.

Eine rote Fachwerkkapelle steht nicht weit vom Parkeingang. Hier feiert die Luthergemeinde ihre Gottesdienste. Historische Grabplatten umgeben die 400 Jahre alten Außenmauern, im Inneren finden sich Grabmäler der ersten Gießener Uniprofessoren, etwa des Theologen Johannes Winkelmann. Vor der Kirche fällt aber noch ein anderer Gedenkstein ins Auge: das Studentendoppelgrab von Karl Siegfrieden und Karl von Müller. Die beiden befreundeten Juristen liegen aus gutem Grund gemeinsam unter der Erde: Der an Typhus erkrankte Siegfrieden wurde von seinem Mitbewohner und Kommilitonen gepflegt, wobei von Müller sich selbst infizierte – beide starben am 10. März 1840 und wurden, von einem Engel bewacht, auf dem Alten Friedhof zur Ruhe gebettet.

Adresse Licher Straße 2, 35394 Gießen, www.giessen-entdecken.de | **ÖPNV** Bus 2, Haltestelle Nahrungsberg | **Anfahrt** B 3, weiter über B 457 Richtung Stadtmitte | **Öffnungszeiten** Kapelle nur im Rahmen von Gottesdiensten oder Führungen zu besichtigen | **Tipp** Spurensuche auf Friedhöfen ist immer interessant: Auf dem außergewöhnlich großen Jüdischen Friedhof im nordhessischen Calden-Meimbressen begegnet man langen Reihen von Grabsteinen, deren Inschriften Geschichten der Dorfbewohner erzählen.

37 Die Domäne Schiffenberg

Highlights vor der Basilika

Bei schönem Wetter trifft sich viel Volk unter blauem Himmel auf Gießens Hausberg. Zum Schiffenberg kommt man mit dem Auto oder mit dem Fahrrad, manche legen die fünf Kilometer aus der Stadt gar zu Fuß zurück, um in der alten Domäne unter Bäumen zu sitzen, in die Wetterau hinunterzuschauen, eine Bratwurst zu essen, ein Glas zu trinken. Menschen mit gehobeneren Ansprüchen bestellen im Restaurant Schiffenberg auch eine »Klosterschüppe« mit gebratener Vogelsberger Schweinelende, Champignons, Schupfnudeln und einem kleinen Mönchsalat. Die Namen der Speisen deuten auf den Ursprung des Ausflugsziels hin: Ein Kloster stand auf dem 280 Meter hohen Schiffenberg. Im 12. Jahrhundert lebten hier Augustiner, nach ihnen Mitglieder des Deutschen Ordens. Die hohe Mauer, die den Innenhof umgibt, prägt heute noch die besondere Atmosphäre des Ortes.

Schon vor 4.000 Jahren sollen sich auf dem Schiffenberg erste Siedlungen befunden haben, wie archäologische Funde belegen. Auf die Augustinermönche geht die um 1150 vollendete, gut erhaltene und noch besser sanierte dreischiffige Basilika zurück, heute ein »Denkmal von nationaler Bedeutung«. An den Wochenenden kann man das Innere der Kirche besichtigen.

Erleben lässt sich das historische Bauwerk aber auch noch ganz anders: Vor der beeindruckenden Kulisse wird nämlich der Gießener Kultursommer veranstaltet. Während des jährlich stattfindenden Festivals mit Tausenden von Besuchern verwandelt sich das parkartige Gelände Abend für Abend in ein Lichtermeer. Auf der großen Bühne vor der Basilika treten im Open-Air-Sommer Stars unterschiedlicher Musikrichtungen auf. 2022 waren etwa DJ BoBo, Jan Delay, die Sportfreunde Stiller und Silbermond dabei. Highlights, die beste Unterhaltung an einer der schönsten Spielstätten Mittelhessens garantieren und das alte Kloster unter dem Sternenhimmel sehr lebendig erscheinen lassen.

Adresse Domäne Schiffenberg 1, 35394 Gießen, Tel. 0641/490444, www.restaurant-schiffenberg.de | Anfahrt B 3, weiter über B 485, Abfahrt Schiffenberger Weg | Öffnungszeiten Besichtigung der Basilika im Sommer Sa, So, Feiertage 14–18 Uhr; am Pfingstmontag ökumenische Gottesdienste | Tipp Ein nettes Ausflugsziel in der Region Gießen ist auch die Gaststätte Badenburg, wo man Burgknochen aus dem Eimer oder eine »Schippe Dreck« essen kann (www.badenburg.de).

38 Der Evolutionsdenkpfad

Woher kommen wir, Herr Darwin?

Woher kommen wir? Was ist das Leben? Und warum ist die Welt so vielfältig? Solchen Gedanken nachhängen kann und soll man im Botanischen Garten Gießen – genauer gesagt beim Gang über den verwunschenen Darwinpfad, der sich von hohem Bambus gesäumt wie ein Irrgarten durch die Anlage schlängelt. Es ist ein Ort für metaphysische Fragen, mit denen sich bedeutende Forscher des 18. Jahrhunderts auseinandergesetzt haben.

In erster Linie ist es ein Gedächtnispfad für Charles Darwin, der mit seinem Werk »Über die Entstehung der Arten« 1859 die Evolutionstheorie begründete. Täglich über Ursprung und Entwicklung des Lebens sinnierend, wanderte Darwin über die Sandwege seiner britischen Heimat – in Gießen ist das nachempfunden, man stößt auf verschiedene Stationen seines wissenschaftlichen Lebens. Unter dem grün flirrenden Blätterdach begegnen Besucher Vorläufern und Kontrahenten – etwa der Bronzebüste des schwedischen Naturwissenschaftlers Carl von Linné, der der unumstößlichen Meinung war, es gebe nur so viele Pflanzen und Tierarten auf der Welt, wie Gott geschaffen habe, und der *Homo sapiens* sei die Krone der Schöpfung. Der sichtbare Wandel der Formen in Flora und Fauna blieb ihm letztlich ein Rätsel. Von Darwins Erkenntnis, dass die Natur sich über Jahrmillionen allmählich aus sich selbst heraus entwickelt habe und nicht auf einen Schlag von Gott geschaffen worden sei, war er weit entfernt, bemerkte aber durchaus die Verwandtschaft von Mensch und Affe.

Wie aber funktioniert Evolution? Der Darwinpfad gibt Anregungen, stellt Fragen, lässt Begriffe und Namen fallen. Mit welchem Lerneffekt, welchem Erkenntnisgewinn? Nur so viel bleibt hängen: Naturwissenschaft und Religion sind zwei verschiedene Dinge. Und doch geht es manchmal um dieselben Fragen: Haben Pflanzen und Tiere eine Seele? Und trägt der vernunftbegabte Mensch Verantwortung für die Welt?

Adresse Senckenbergstraße 6, 35390 Gießen, www.uni-giessen.de | **ÖPNV** vom Bahnhof Gießen circa 20 Minuten Fußweg; Busse 2, 3, 5, 7, Haltestelle Marktplatz | **Anfahrt** B 3, Ausfahrt A 480, Marburger Straße bis Landgraf-Philipp-Platz | **Tipp** Der älteste Baum im Botanischen Garten Gießen ist ein Ginkgobaum, der im Jahr 1816 gepflanzt wurde, als Darwin noch ein Kind war.

39 Der Kirchenplatz

Der Engel wacht über allem

Manche Plätze haben ihren Namen nicht verdient. Denken wir an den Platz des Himmlischen Friedens in Peking, der wegen des Massakers an demonstrierenden Studenten traurige Berühmtheit erlangte. Oder an den Römer in Frankfurt, der ja eigentlich Rathausplatz heißen müsste. Beim Gießener Kirchenplatz ist das genauso, denn eine Kirche gibt es an diesem Platz im Zentrum der Universitätsstadt nicht. Zu sehen ist nur der Turm der ehemaligen Stadtkirche St. Pankratius. 1944 wurde ein klassizistischer Nachfolgebau durch Bomben zerstört. Im Turm ist eine Kapelle erhalten. Trotzdem trägt der Platz seinen Namen nicht zu Unrecht, denn in mancherlei Hinsicht sind kirchliche Spuren zu entdecken.

Archäologen stießen bei Ausgrabungen 2015 auf Fundamente aus der Entstehungszeit Gießens: Hier war das politische und sakrale Zentrum der jungen Stadt, wo es neben Burganlage und Kirche ab 1285 einen Friedhof gab. Heute dreht sich auf dem quirligen Kirchenplatz alles um die Lebenden: Das hr-Studio, Sushi- und Dönerläden, Eisdielen sowie Bankfilialen sind hier zu finden. Um Kunden wirbt auch der ökumenische Kirchenladen, der »direkt am turm« heißt und in dem es um Kontakte mit denen geht, die normalerweise keine Kirche betreten. Dort sammelt man nicht nur gebrauchte Brillen und alte Handys, sondern verkauft auch Eintrittskarten und offeriert Seelsorgegespräche.

Und dann gibt es da noch die Engel Apotheke, schräg gegenüber am Marktplatz 8, ein Traditionsunternehmen, das 1650 als »Universitätsapotheke zum goldenen Engel« gegründet wurde. Vom Dach des mehrstöckigen Hauses blickt ein dreieinhalb Meter großer Goldengel auf das bunte Treiben am Kirchenplatz hinunter. Er macht der nach ihm benannten Apotheke alle Ehre und gilt in Gießen als Wahrzeichen. 1956 wurde die Skulptur in schöner Handwerkskunst neu gestaltet und löste ihre Vorgängerin ab. Auf dem Kirchenplatz darf sich der Engel zu Hause fühlen.

Adresse 35390 Gießen | **ÖPNV** vom Bahnhof Gießen circa 15 Minuten Fußweg | **Anfahrt** B 3, Ausfahrt A 480, Marburger Straße bis Kirchenplatz | **Öffnungszeiten** Kapelle im Stadtkirchenturm tagsüber zugänglich | **Tipp** Wer die Aussicht auf den Kirchenplatz und den Goldenen Engel von oben genießen möchte, bekommt im Kirchenladen »direkt am turm« (Burggraben 1, www.kirchenladen-giessen.de) gegen Pfand den Schlüssel zum Aufstieg. Aber Vorsicht: Um Gehörschäden zu vermeiden, darf der Turm während des Mittagsläutens um zwölf Uhr nicht betreten werden.

40 Die Keltenwelt

Fällt uns der Himmel auf den Kopf?

Die Kelten hatten vor nichts Angst, außer davor, dass ihnen der Himmel auf den Kopf fällt. Das wissen wir von Majestix, dem Chef der unbeugsamen Gallier um Asterix und Obelix. Was will er den Comiclesern damit sagen? Befürchtet er den Einschlag von Kometen oder Meteoriten? Oder will er mit dem flotten Spruch einfach nur die generelle Furchtlosigkeit und den ungeheuren Mut seines Volkes zum Ausdruck bringen?

In der Keltenwelt am Glauberg wird dieses Rätsel nicht gelöst. Aber viele andere Geheimnisse um die keltischen Stämme, die während der Eisenzeit, die etwa 800 vor Christus begann, in verschiedenen Teilen Europas lebten, werden im archäologischen Landesmuseum Hessens gelüftet. Großartig ist das Gebäude in die Wetterau-Landschaft eingebettet: Auf der Kuppe des Glaubergs liegt ein stählerner Quader mit rostiger Außenhaut. Drinnen eindrucksvolle Exponate aus einer faszinierenden, längst vergangenen Welt: Waffen, Schmuck, Hausrat und Handwerksgeräte, hergestellt aus jenem neuen Werkstoff Eisen, der die Welt revolutionierte. Eine spannende Zeitreise für große und kleine Geschichtsforscher.

Der Standort des Museums wurde nicht zufällig gewählt, denn hier befand sich vor 2.400 Jahren ein bedeutender keltischer Fürstensitz. Am Fuß des Glaubergs entdeckte man große, runde Grabhügel. Bei Ausgrabungen stießen die Archäologen 1996 unter anderem auf eine lebensgroße Sandsteinstatue: Der »Keltenfürst vom Glauberg« ist weltweit einzigartig und als Museums-Ikone zu bewundern. Die sehr gut erhaltene Figur hat zwar keine Füße mehr, aber dafür eine markante Blattkrone auf dem Kopf. Es soll sich um eine aus Draht und Leder gefertigte Haube handeln, die wahrscheinlich eine Verbindung zur keltischen Götterwelt darstellte. Das ist aber wissenschaftlich umstritten. Bliebe noch eine andere These: War die Kopfbedeckung etwa als Schutz vor dem herabfallenden Himmel gedacht?

Adresse Am Glauberg 1, 63695 Glauburg, Tel. 06041/823300, www.keltenwelt-glauberg.de | **ÖPNV** mit der Niddertalbahn ab Frankfurt Hauptbahnhof Richtung Glauburg-Stockheim bis Haltestelle Glauburg-Glauberg, ab hier circa 45 Minuten Fußweg | **Anfahrt** A 45, Ausfahrt Altenstadt, über B 521 und L 3191 bis zum Museum | **Öffnungszeiten** Di–So 10–18 Uhr | **Tipp** Zum Museum gehören ein archäologischer Park und das Forschungszentrum. Zu beidem kann man Themenführungen buchen. Über den rund zwei Kilometer langen Keltenweg-Pfad gelangt man auf das Bergplateau des Glaubergs, wo man Spuren der einstigen keltischen Festungsanlage sieht.

41 Die Waldenserdörfer

Neue Heimat für die Ketzer

Man nennt sie »Franzosendörfer«: Gottstreu und Gewissenruh, idyllisch am Oberlauf der Weser gelegen, wurden 1722 von Waldensern gegründet, die ihre Heimat wegen ihres evangelischen Glaubens verlassen mussten und Zuflucht in Hessen-Kassel suchten. Landgraf Carl siedelte jeweils zwölf Flüchtlingsfamilien in Nordhessen an, wo sie schlichte Kirchlein bauten, in denen sie ihre Gottesdienste noch 100 Jahre lang in französischer Sprache feierten.

Das Erkennungszeichen der Waldenser entdeckt man im Inneren an der Kirchenwand: eine Kerze, die auf der Bibel steht, mit dem lateinischen Spruch *»Lux lucet in tenebris«* – Das Licht leuchtet in der Finsternis. Erleuchtet durch das Evangelium, übte Petrus Waldes, ein Kaufmann aus Lyon, als Wanderprediger schon Jahrhunderte vor Luther Kritik an der katholischen Kirche – Heiligenverehrung, das Fegefeuer und den Ablass lehnten er und seine Anhänger bereits um 1173 ab. Dafür wurden sie als Ketzer betrachtet und gerieten ins Visier der Inquisition. Unterschlupf fanden die Flüchtlinge zunächst in den Bergtälern des Piemont. Im Jahr 1532 schlossen sich die Waldenser der Reformation an, was sie freilich nicht vor weiterer Verfolgung schützte.

Die mittelalterlichen Vorkämpfer der Reformation überlebten im Exil – unter anderem eben in Nordhessen. Im Zentrum der Fachwerkhäuser stehen dort ihre Kirchen, in denen auch heute noch evangelische Gottesdienste abgehalten werden – allerdings auf Deutsch. Schlichte Schönheit strahlt der kleine Saalkirchenbau aus Sandstein im Straßendorf Gewissenruh aus. Vom Garten aus hat man einen herrlichen Blick auf die Weser. In der Mitte des benachbarten Dorfes Gottstreu kann man nicht nur die Predigtkirche von 1730 besichtigen, sondern direkt gegenüber im alten Schulhaus auch ein Waldensermuseum mit Informationen über die Bewegung der Waldenser und ihr bäuerliches Leben in Nordhessen.

Adresse Kirche Gewissenruh, Dorfstraße 14, 34399 Wesertal; Kirche Gottstreu, Waldstraße 1, 34399 Wesertal (Schlüssel zur Kirche im Haus gegenüber); Waldensermuseum, Waldenserstraße 1, 34399 Oberweser-Gottstreu | Anfahrt A 7, Ausfahrt Lutterberg, B 496 Richtung Hann. Münden, dann B 80 bis Wesertal | Öffnungszeiten Mai – Sept. 1. und 2. So im Monat 15 – 17 Uhr, Infos zu Führungen unter Tel. 05574/405 oder www.waldenser-oberweser.de | Tipp Der Hugenotten- und Waldenserpfad ist ein rund 2.000 Kilometer langer europäischer Kulturfernwanderweg, der durch ganz Hessen führt. Im Norden endet er in Bad Karlshafen (www.hugenotten-waldenserpfad.eu).

42 Die Glockenwelt

Stimmen von oben

Der Klang einer Glocke verbindet Himmel und Erde. Das weiß, wer zu Schulzeiten die 425 Strophen von Friedrich Schillers berühmtestem Gedicht aufsagen durfte: »... Hoch überm niedern Erdenleben / Soll sie im blauen Himmelszelt / Die Nachbarin des Donners schweben / Und grenzen an die Sternenwelt, / Soll eine Stimme sein von oben, / Wie der Gestirne helle Schar, / Die ihren Schöpfer wandelnd loben ...«

Mit weniger Pathos, sondern wohltuend nüchtern, vor allem mit kürzeren Texten und umso mehr interaktiven Elementen geht man im Museum Glockenwelt auf der Burg Greifenstein mit dem jahrtausendealten Tonerzeuger um. Besucher, die den Turm neben der Burg betreten und bis ins zweite Untergeschoss hinabsteigen, erfahren auf jeder Ebene mehr über Herstellung, Anwendung und Historie des metallenen Klangkörpers. Schon die alten Chinesen gossen einheitliche Glocken, um sie als Längen-, Hohlraum- und Gewichtsmaß im Kaiserreich einzusetzen. Doch über solch praktischen Anwendungen steht die religiöse Bedeutung der Glocke.

Ins Christentum kam die Glocke durch das Judentum. Ein Kirchturm ohne Glocken – heute undenkbar. Kirchenglocken tragen Namen und sind Kulturschätze – wie der »Emmanuel« in Notre-Dame oder die Petersglocke im Kölner Dom. Im Museum erzählen über 100 Glocken aus zehn Jahrhunderten einiges über das aufwendige Verfahren, wie Glocken gegossen und wie die tonnenschweren Musikinstrumente dann auf himmelhohe Türme gehievt und mit Hilfe des Klöppels zum Klingen gebracht werden. Wie hört sich das an? Der Audioguide zeigt's. Klangexperimente laden zum Bimmeln, Scheppern und Läuten ein – Feueralarm, Uhrzeit, Gottesdienst, Freuden- oder Totengeläut.

Schiller hätte seine Freude gehabt an diesem Museum – vielleicht weniger an der Kurzfassung seines Gedichts, das ein Spaßvogel so parodierte: »Loch in Erde, Bronze rin. Glocke fertig, bim, bim bim.«

Adresse Talstraße 19, 35753 Greifenstein, Tel. 06449/6460, www.burg-greifenstein.net | **Anfahrt** A 45, Ausfahrt Ehringshausen, auf der B 277 nach Greifenstein | **Öffnungszeiten** März–Mai, Sept., Okt. Di–So 10–18 Uhr, Juni–Aug. täglich 10–18 Uhr, Nov., Dez. Sa, So 12–16 Uhr | **Tipp** Auch die imposante Burg Greifenstein mit der sehenswerten Barockkirche neben dem Bollwerk Roßmühle, in dem sich das Museum Glockenwelt befindet, ist eine Besichtigung wert.

43 Der Fietz-Skulpturenpark

Der Sänger mit der Kettensäge

1972 landete Siegfried Fietz einen Hit: Die Vertonung des Bonhoeffer-Textes »Von guten Mächten wunderbar geborgen« ging um die Welt, landete in Gesangbüchern, auf CDs und bei YouTube. Fietz war nicht der einzige Komponist, der das berührende Gedicht des von den Nazis ermordeten Theologen in Musik verpackte. Aber die eingängige Melodie kennen bis heute Millionen Menschen in vielen Ländern. Als Songwriter wurde Fietz berühmt – nicht nur mit diesem Lied, sondern mit Hunderten anderer christlicher Popsongs, auch als Komponist sinfonischer Werke.

Der 1946 geborene Künstler kann aber auch ganz anders, zum Beispiel mit einer Kettensäge umgehen und Holz, Stein und Metall bearbeiten. Im Skulpturenpark in Greifenstein sind viele der Plastiken des Multitalents zu sehen. Auf einem 20.000 Quadratmeter großen Wiesengrundstück im Ulmtal, das für jedermann frei zugänglich ist, treffen Besucher auf sprechende Steine, kommunizierende Holzfiguren und bewegende Metallgebilde, die allesamt eine Botschaft verkünden. Denn das ist Fietz wichtig: Mit Musik und Bildern will er von der Beziehung zwischen Gott und den Menschen erzählen.

So zum Beispiel mit dem »Kreuz-Himmelsflügel« in der Mitte des Parks: Die Vertikale verbindet geradlinig Himmel und Erde, das Göttliche mit dem Menschlichen. Die Horizontale folgt in ihrer Form dem Wuchs des Holzes – ein individuell gewundener und verdrehter Lebenslauf. Oder die meterhohe Himmelsleiter, die Fietz aus einer dicken Pappel sägte. Ist das ein Schleichweg, der im Nichts endet, oder entführt uns dieses Kunstwerk aus dem Alltag in den Himmel? Die Besucher dürfen es ausprobieren, was viele gern tun.

Als Fietz das Gelände in Besitz nahm, musste er es zunächst ein Jahr lang entmüllen. Entstanden ist ein Paradies. Zu den drei Dutzend Skulpturen gibt es erklärende Texte des Künstlers, die auch online abrufbar sind. Und manchmal greift er zur Gitarre und singt.

Adresse in der Verlängerung der Straße Lenzwies (am Ulmtalradweg), 35753 Greifenstein-Allendorf, www.skulpturenpark.info | **Anfahrt** A 45, Ausfahrt Wetzlar-Ost, über B 49 und L 3324 nach Allendorf | **Öffnungszeiten** Führungen mit dem Künstler nach Absprache | **Tipp** Im Skulpturenpark gibt es auch eine Freilichtbühne, auf der im Sommer Konzerte mit Siegfried Fietz und anderen Musikern stattfinden (www.abakusmusik.de/konzerte).

44 Das Kloster Haina

Inspirierende Lichtkunst der Gotik

»Gott ist Licht« – die theologische Idee der Gotik begreift, wer die Kirche des Klosters Haina betritt: Die hohen, schmalen Säulen heben die Dachkonstruktion in den Himmel, die Fenster mit den stilbildenden Spitzbögen lassen viel Sonne in den Raum strömen. Die Baumeister wollten so ein Sinnbild der himmlischen Erleuchtung schaffen und durch die Architektur verdeutlichen, dass die göttliche Liebe wie das Licht die ganze Welt durchflutet. Um diese Botschaft zu verstehen, mussten die mittelalterlichen Menschen in der Klosterkirche Haina nur die Augen nach oben richten. Die erhabene Schönheit des Raums bringt diesen Gedanken sinnfällig zum Ausdruck.

Ursprünglich als spätromanische Basilika geplant, wurde sie im 13. Jahrhundert von den Zisterziensern als frühgotische Hallenkirche im einsamen Kellerwald realisiert. Die Mönche des weltabgewandten Ordens lebten nach der benediktinischen Regel »*Ora et labora*«. Dabei teilten sie das Beten und Arbeiten unter sich auf: Die Laienbrüder schufteten in Haus und Garten, während sich die Priestermönche Gebet und Gottesdienst widmeten. Und wofür beteten sie eigentlich sieben Mal am Tag? Vertragsgemäß zum Beispiel für das Seelenheil jener adligen Damen und Herren, die ihnen Land und Güter vermacht hatten.

Immerhin konnten sie das im anregenden Ambiente der Kathedrale tun und dabei die Details des kunstvollen Bauwerks betrachten. Heutige Besucher in Haina machen dies mit Hilfe des »Video Walks«: Mit Smartphone oder Tablet gehen sie durch das 800 Jahre alte Bauwerk und staunen etwa über die Feinheiten der Ornamentverglasung. Drohnenaufnahmen eröffnen zudem völlig neue Perspektiven und lenken den Blick auf Tiergesichter an den Säulen oder die Schlusssteine oben an der himmelhohen Decke. In 20 Minuten lernt man so auf unterhaltsame Weise viel über die Lichtkunst der Gotik und über mittelalterliche Handwerkskunst.

Adresse Landgraf-Philipp-Platz, 35114 Haina (Kloster), Tel. 06456/929743, www.klosterhaina.de | **ÖPNV** Bus 520, Haltestelle Haina (Kloster), zwei Minuten Fußweg | **Anfahrt** A 49, Ausfahrt Wabern, auf der B 253 Richtung Bad Wildungen bis Haina | **Öffnungszeiten** im Sommer täglich außer Mo 11–17 Uhr | **Tipp** Im Haus an der Klostermauer kann man eine Ausstellung über den Goethe-Maler Tischbein besuchen.

45 Die Dorfkirche

Ein Hesse im Himmel

An der bemalten Decke der osthessischen Dorfkirche erspäht man ihn. Da sitzt ein Engel mit Harfe auf einer Wolke und frohlockt: »Halleluja, sag i!« Der geflügelte Harfenist erinnert an den grantigen »Münchner im Himmel«. Von dem erzählte der bayerische Schriftsteller Ludwig Thoma, dass er viel lieber im Hofbräuhaus bei einer Maß Bier gesessen hätte, als im Himmel Hosianna zu singen. Warum schaut der Harfen-Engel in Odensachsen so wenig begeistert drein? Haben wir es hier mit einem »Hessen im Himmel« zu tun, der vielleicht auch das Wirtshaus dem Himmel vorgezogen hätte?

Von Wolken, Mond und Sternen umgeben, musizieren 15 Engel in zehn Metern Höhe, kleine Putten halten Noten- und Textblätter. Der Maler Gustav Altmöller hat sie im Jahr 1740 in den blau-weißen Wolkenhimmel gruppiert, in dessen Zentrum der hebräische Gottesname »Jahwe« zu lesen ist. »Es ist ein barocker Festsaal für das Evangelium. Die Botschaft lautet: Gott kommt auf die Erde«, erläutert Gemeindepfarrer Thomas Funk.

In dem 200-Seelen-Ort nahe Bad Hersfeld wirkt das Kirchenschiff, das an einen mittelalterlichen Turm angebaut wurde, überdimensioniert. Nach einer aufwendigen Restaurierung kommen viele Details auf den Bildern an der Brüstung der zweigeschossigen Empore besser zur Geltung. Zum Beispiel der Hohepriester, der bei der Beschneidung Jesu eine Brille trägt. Vom Abendmahlstisch schaut einer der Jünger den Betrachter direkt an, vermutlich hat sich der aus dem nahen Schenklengsfeld stammende Künstler hier selbst verewigt. Ansonsten malte Altmöller, der auch andere osthessische und thüringische Bauernkirchen ausschmückte, die biblischen Szenen nach Vorlagen einer Merianbibel, die im Besitz der Gemeinde war. Darauf deutet die eigenartige Gestalt der Kamele in der Weihnachtsgeschichte hin: »So kann man nur Kamele malen, wenn man nie welche gesehen hat«, lacht Pfarrer Funk.

Adresse Am Kirchenring 6, 36166 Haunetal-Odensachsen | ÖPNV A 7 bis AK Kirchheim, A 4, Ausfahrt Bad Hersfeld, über B 27 Richtung Hünfeld bis Odensachsen | Öffnungszeiten bei geschlossener Tür Schlüssel im Nachbarhaus (siehe Schaukasten) holen, ansonsten Kontakt über Pfarrer Thomas Funk unter Tel. 06673/278 | Tipp Eine Zwillingskirche von Odensachsen steht im 20 Kilometer entfernten Mansbach. Auch hier malte Gustav Altmöller im Stil des Bauernbarocks den Himmel und die Doppelempore der Hallenkirche aus.

46 Der Erlebnisbibelpark

Biblisch klettern, rutschen, kriechen

Als Jakob von der Himmelsleiter träumte, sah er Engel, die auf einer Leiter zwischen Erde und Himmel auf- und abstiegen. Ganz oben stand Gott, der Herr, schaute runter auf Jakob und sprach ihm Verheißungsvolles zu. Ein starkes alttestamentarisches Bild, das im Erlebnisbibelpark Herbstein mit Händen zu greifen ist. Denn auf dem sehr besonderen Kinderspielplatz im Vogelsbergdorf wurde die Himmelsleiter nachgebaut – ein paar Meter zumindest, bis in die Baumspitzen. Und weil es eine Traumvision war, kann man auf dieser Leiter leider nicht klettern.

Ganz anders die anderen Attraktionen, die hier zumeist aus Holz in den Wald gezimmert wurden: Kinder dürfen in den Bauch von Jonas Wal kriechen, die Arche Noah entern, auf den Turm zu Babel klettern und von dort hinunterrutschen, den Riesen Goliath mit Tennisbällen bewerfen, mit Mose die Zehn Gebote in Empfang nehmen, das Goldene Kalb bewundern und über den brennenden Dornbusch staunen. All diese Archetypen sind als Spielplatzgeräte zum Anfassen und Benutzen gestaltet. Die Geschichten dazu aus den Büchern des Alten Testaments muss man freilich kennen – oder man lässt sie sich von den Betreibern des Bibelparks erzählen.

Hubert Straub, Geschäftsführer des Kolping-Feriendorfs Herbstein, hatte die Idee zu dem ungewöhnlichen Spielplatz, als 2009 ein Seminar der Militärseelsorge im Vogelsbergdorf stattfand, nämlich für Soldaten, die gerade von einem Auslandseinsatz zurückgekehrt waren. Um auf positive Gedanken zu kommen, begannen sie mit dem Bau der Bibelskulpturen, die nicht nur zum Spielen animieren, sondern jede Menge Potenzial zum Nachdenken liefern.

Wie ging die Geschichte von der Himmelsleiter eigentlich aus? Mit einem Happy End: Jakob, der seinen Bruder um den väterlichen Segen betrogen hatte, war auf der Flucht vor Esau. Doch dann spricht Gott im Traum zu ihm – und die Botschaft vom Himmel trifft ihn ins Herz.

Adresse Adolph-Kolping-Straße 22, 36358 Herbstein, Tel. 06643/7020, www.bibelpark-deutschland.de | Anfahrt A 5, Ausfahrt Alsfeld-Ost, über B 254 und B 275 bis Herbstein, auf Anfrage Abholung vom Bahnhof Lauterbach | Tipp Im Vogelsbergdorf können Familien und Gruppen Urlaub machen. Die Gäste wohnen in Bungalows am Waldrand und erleben Angebote wie Töpfern, Reiten, Trekking, Waldaktionen, Kreativkurse, Grillfeste oder Lagerfeuerabende.

47__Der Vaterunser-Weg

Signale vom Himmel

Pilgerwege können sehr lang sein. Nehmen wir den berühmten Jakobsweg, der ja nicht nur von den Pyrenäen bis ans Ende der Welt nach Santiago de Compostela führt, sondern über zahlreiche Zubringer verfügt – etwa von Prag zum Bodensee und von dort aus weiter nach Frankreich. Viele 1.000 Kilometer warten da auf leistungswillige Pilger.

Demgegenüber nimmt sich der Vaterunser-Meditationsweg in Höchst bescheiden aus. Sehr bescheiden. Denn mit viereinhalb Kilometern Strecke ist der Weg rund um das Tagungshaus Kloster Höchst der kürzeste Pilgerweg Hessens. In dem mitten im Odenwald gelegenen Kloster aus dem 12. Jahrhundert betreibt die Evangelische Kirche in Hessen und Nassau ihre Jugendbildungsstätte. Kinder- und Jugendgruppen sind hier zu Gast. Die sind nicht nur an der Kletterwand, auf dem Fußballplatz und an der Tischtennisplatte sportlich aktiv, sondern nehmen auch spirituelle Impulse mit. Und die bekommen sie zum Beispiel auf dem Vaterunser-Meditationsweg.

Acht Stationen sind aufzusuchen, jede steht für eine Bitte des Gebets. Da die Kirche mit der Zeit geht, bietet sie ihren jungen Mitgliedern nicht einfach einen beschilderten Rundparcours an, sondern schickt sie mit Signalen vom Himmel zu den Stationen des Vaterunser-Weges: Ausleihbare GPS-Geräte leiten die Pilger, per Geocaching geht's zum Pilgerschatz, mit einer Smartphone-App funktioniert es auch. Um von einer Station zur nächsten und schließlich zum Ziel zu gelangen, wo ein Schatz versteckt ist, müssen die Besucher des Weges die passenden Koordinaten in ihr GPS-Gerät eingeben und einem Pfeil folgen.

Startpunkt ist eine mannshohe Holzskulptur im Park, auf der »Vater unser im Himmel« steht. Von dort aus geht es weiter zu den anderen Stationen, bis die Kurzstrecken-Pilger schließlich im Klosterinnenhof eine überdimensionierte Hand finden, die eine Kugel hält. Hier ist Schluss. Amen.

Adresse Kloster Höchst, Kirchberg 3, 64739 Höchst im Odenwald, Tel. 06163/93300, www.kloster-hoechst.de | **ÖPNV** vom Bahnhof Höchst/Odw. zehn Gehminuten | **Anfahrt** A 5, Ausfahrt Darmstadt-Eberstadt, auf die B 426, dann auf der B 45 bis Höchst | **Tipp** Ein Blick in die Klosterkirche lohnt sich. Diese wurde im Jahr 1566 anstelle des Vorgängerbaus neu errichtet und im Stil einer evangelischen Predigtkirche gestaltet – Kanzel und Orgel sind besonders betont.

48 Die Milseburg

Das Grab des bösen Riesen

Für hessische Verhältnisse kommt man dem Himmel auf diesem Basaltfelsen schon ziemlich nah: Die mystische Milseburg, 25 Kilometer östlich von Fulda gelegen, ist mit ihren 835 Metern der höchste Berg der Kuppenrhön. »Perle der Rhön« wird die Erhebung auch genannt, deren Gipfel eine markante Kreuzigungsgruppe aus dem Jahr 1756 krönt. Das 360-Grad-Panorama von dort oben ist grandios, die Sicht reicht bis zur Wasserkuppe. An schönen Tagen erklimmen daher zahlreiche Besucher den Berg. Sie keuchen entweder per Rad durch Deutschlands längsten Fahrradtunnel oder erreichen den Gipfel zu Fuß nach einer recht anstrengenden Kraxeltour.

Der Kampf um die Bezwingung des schroffen Bergs reicht zurück in Urzeiten. Seinen Namen verdankt er einer Sage. Als die ersten christlichen Missionare in die Rhön kamen, so wird erzählt, lebte hier ein Riese namens Mils. Der trieb im Verbund mit dem Teufel sein Unwesen, störte die Missionsarbeit und verhinderte das Taufen bekehrter Christen. Es war der heilige Gangolf – ein Ritter aus Burgund, auch bekannt als Pferdepatron –, der den Riesen besiegte, woraufhin dieser sich frustriert selbst umbrachte. Der Teufel bedeckte den Leichnam schließlich mit Steinen – so entstand angeblich die heutige Milseburg.

Der Sieg des Christentums ist von weit her sichtbar, das Kreuz markiert ihn. Seit bei einer Sanierung der lose Querbalken befestigt wurde, geht für Besucher, die dem Kreuz nahekommen, keine Gefährdung mehr aus. Unterhalb ist eine Wallfahrtsstätte zu finden – die Gangolfskapelle. Eine steinerne Kanzel auf der Fläche daneben lässt eine Predigt unter freiem Himmel zu. Unterwegs können sich archäologisch Interessierte auf einem Lehrpfad über die Reste einer stadtähnlichen keltischen Siedlung informieren und einen eindrucksvollen Ringwall bestaunen, der in alten Zeiten die Burganlage vor angreifenden Römern und Germanen beschützte.

Adresse 36145 Hofbieber, Ortsteil Danzwiesen (Parkplatz Milseburgstube) | **ÖPNV** Bus 34, 90, Haltestelle Milseburg, von dort 20 Minuten zu Fuß | **Anfahrt** A 7, Ausfahrt Fulda-Mitte, B 458 bis Hofbieber, dann über Rhönringstraße 3330 den Schildern folgen | **Tipp** Nicht nur die schöne Aussicht kann man auf dem Gipfel der Milseburg genießen, an besonderen Tagen finden dort auch Gottesdienste statt – zum Beispiel zu Silvester um 21 Uhr eine Andacht zum Jahresabschluss (www.kirche-kleinsassen.de).

49 Der Friedwald

Wo Baumriesen über die Toten wachen

Im nordhessischen Reinhardswald, dem Märchenwald der Brüder Grimm mit uralten Eichen und Buchen, wurde 2001 der erste Friedwald in Deutschland in Betrieb genommen. Die FriedWald GmbH mit Sitz in Griesheim hat seitdem mit der aus der Schweiz importierten Idee großen Erfolg: Die Asche Verstorbener wird in einer biologisch abbaubaren Urne beigesetzt, mitten in der Natur, an den Wurzeln eines Baumes. Totenruhe fernab von Kieswegen, Grabsteinen und Buchsbaumhecken konventioneller Friedhöfe findet immer mehr Anklang. Der Öko-Trend macht auch vor den letzten Dingen nicht halt.

Weil sich viele Interessenten schon zu Lebzeiten ihren Bestattungsplatz aussuchen wollen, gibt es regelmäßige Waldspaziergänge, bei denen man seinen ganz persönlichen Baum auswählen kann. Ein Guide im Jäger-Outfit führt eine zwölfköpfige Besuchergruppe durch den Friedwald, um sie mit den Bäumen bekannt zu machen. »Ich muss mit dem Baum sprechen«, sagt ein Mann mit Pferdeschwanz und geht auf eine Krüppelbirke zu. Andere Besucher sind fasziniert von den gewaltigen Eichen des Hutewalds, in dem einst die Hugenotten siedelten und der 1907 zu Hessens erstem Naturschutzgebiet wurde.

Im Reinhardswald wurden seit 2001 rund 8.000 Urnen beigesetzt und über 16.000 Baumplätze verkauft. Aber auf 116 Hektar Fläche sind noch viele Bäume frei, alle mit GPS erfasst, nummeriert und mit einem blauen Bändchen markiert. Für einen halben Tausender kann man einen Platz unter dem Gemeinschaftsbaum kaufen, für mehr Geld gibt es auch einen Einzelbaum. Kleine Namensschilder zeigen an, welche der zehn Urnengräber rund um die Wurzel schon belegt sind. Wer einen Baum ganz für sich allein haben möchte, muss je nach Stärke, Art und Lage einige 1.000 Euro für 99 Jahre garantiertes Ruherecht investieren. Die Beisetzung selbst erfolgt in einer Urne aus verrottbarer Zellulose, »wildschweinsicher« in 80 Zentimetern Tiefe.

Adresse Sababurg, 34369 Hofgeismar, www.friedwald.de/waldbestattung-reinhardswald | **ÖPNV** Bus 190, Haltestelle Friedwald | **Anfahrt** von der B 80 in Reinhardshagen auf die L 3229 abbiegen, dann rechts Richtung Sababurg | **Tipp** »RuheForst« heißt das Konkurrenzunternehmen zum FriedWald. Im Kaufunger Stiftswald östlich von Kassel finden Tote auch hier ihren letzten Platz unter Bäumen.

50 Die Gerkan-Kapelle

Wie der Stararchitekt Stille inszeniert

Er baute den Berliner Hauptbahnhof, den Moskauer Flughafen Scheremetjewo und in China mit Lingang auf 300 Quadratkilometern eine komplett neue Stadt für 1,3 Millionen Menschen. Meinhard von Gerkan (1935–2022) galt als der bekannteste deutsche Architekt. Internationale Großprojekte gehen auf das Konto seines Hamburger Büros gmp. Umso mehr erstaunt es, dass im nordhessischen Hofgeismar ein kleiner Andachtsraum zu finden ist, der auf von Gerkans Gestaltung basiert. Die Kapelle des Studienseminars, wo Pfarrerinnen und Pfarrer der Evangelischen Kirche von Kurhessen-Waldeck ausgebildet werden, betritt man hinter der barocken Fassade des Seminargebäudes. Gleich rechts der Raum der Stille. Drinnen ist es hell, aber der Blick nach draußen bleibt verwehrt.

Schlichte Materialien lassen das Schöne und Erhabene im Einfachen erleben: Holz und recyceltes Glas, ein Kreuz, Stühle und ein Tisch. Ein Raum wie eine Skulptur. In beeindruckender Klarheit ermöglicht er nach der Idee des Architekten eine »ästhetische Erfahrung der Transzendenz«. Seit 2009 wird die Kapelle, deren Bau aus Spenden und Sponsorengeldern finanziert wurde, von angehenden Theologen genutzt. Ein Rückzugsort. Die Reduktion auf wenige Materialien und der Verzicht auf alle überflüssigen Details schaffen den kontemplativen Rahmen zur Besinnung und zum Gebet.

Für Meinhard von Gerkan, der Bauen als eine Form von Gottesdienst betrachtete, ist Stille die wahre Sensation. Im Kontrast zu seinen Mammutprojekten hat er auch kleine, spirituell inspirierende Bauten gestaltet. Wie zum Beispiel den viel beachteten Christus-Pavillon zur Expo 2000 in Hannover, der später im thüringischen Kloster Volkenroda wieder aufgestellt wurde. Eine Inszenierung von Stille. Wie in der Hofgeismarer Kapelle schaffen die klar strukturierte Architektur und der reduzierte Einsatz von Baumaterialien innere und äußere Harmonie.

Adresse Evangelisches Studienseminar Hofgeismar, Gesundbrunnen 10, 34369 Hofgeismar, Tel. 05671/881271, www.evangelisches-studienseminar-hofgeismar.de | ÖPNV vom Bahnhof Hofgeismar 20 Minuten Fußweg | Anfahrt B 83, Abfahrt Hofgeismar Nord/Gesundbrunnen | Öffnungszeiten jederzeit zugänglich | Tipp Rund um den Gesundbrunnen-Tempel, in dem einst Heilwasser floss und der vom hugenottischen Baumeister Simon Louis du Ry errichtet wurde, findet man neben dem Studienseminar weitere kirchliche Einrichtungen, darunter die Evangelische Akademie im Schlösschen Schönburg, den Synodensaal und die Evangelische Altenhilfe.

51 Der Urwald Sababurg

Die heilige Baum-Kathedrale

Ursprüngliche und unverfälschte Natur – die findet man im Urwald Sababurg, wo der einst von Menschen für ihre Haustiere angelegte Hutewald seit über 100 Jahren weitestgehend sich selbst überlassen wird. Mit bizarren Gebilden aus Riesenbäumen, Wurzeln, Totholz und Farn bildet der Reinhardswald – Hessens größtes geschlossenes Waldgebiet – hier eine Kulisse für Geschichten, Mythen und Sagen. Nicht nur phantasiebegabte Kinder sehen in den Ästen und Stümpfen Riesen und Prinzessinnen, Hexen und Kobolde, Schlangen und Ungeheuer.

Wer den markierten Rundwegen über weichen Waldboden und rutschfeste Holzstege folgt, begegnet atemberaubenden Monumenten. Bereits am Eingang in das Urwaldareal wird man von der »Heiligen Halle«, einem Hain aus mächtigen Rotbuchen, empfangen. Kamineiche, Drillingsbuche und Zyklopeneiche lassen über die Wunder der Schöpfung staunen. Helle Birken und der bis zu zwei Meter hohe Adlerfarn sind die Statisten auf dieser Bühne. Die meisten Bäume kann man anfassen, auf manche kann man klettern, kann auf ihren Ästen sitzen oder liegen und durch das lichte Blätterdach in den Himmel schauen.

»Wenn wir einen Baum umarmen, berühren wir uns selbst« – stimmt es, was manche Naturliebhaber behaupten? Auf jeden Fall spürt man beim Kontakt mit der Rinde die 600 Jahre des Baumriesen, nimmt seinen Geruch wahr und hört sein Laub im Wind rascheln – Lebensenergie pur! Auch entwurzelte Bäume bleiben im Sababurg-Urwald liegen und künden vom Werden und Vergehen.

In den Märchen der Brüder Grimm, die im nahen Kassel lebten und arbeiteten, ist der Wald oft Schauplatz rätselhafter und unheimlicher Geschehnisse – man denke an Hänsel und Gretel, für die der Wald ein Ort der Prüfung wird. Wie finde ich Orientierung? In welche Richtung geht mein Leben? Trotz der unübersehbaren Schilder am Wegesrand gewinnen diese Fragen unter den Bäumen des Sababurg-Urwalds neue Bedeutung.

Adresse Start des Urwaldpfads am Parkplatz Drecktor, Sababurger Straße, 34388 Gutsbezirk Reinhardswald; Tourist-Info Märchenland Reinhardswald, Markt 5, 34369 Hofgeismar, Tel. 05671/999222, www.naturpark-reinhardswald.de | **ÖPNV** Bus 190, 192, Haltestelle Hofgeismar | **Anfahrt** A 44, Ausfahrt Breuna, über B 7 nach Hofgeismar und dann von der B 83 auf die K 55 Richtung Tierpark Sababurg abbiegen | **Öffnungszeiten** kostenlose Führungen mit »Ritter Dietrich«, Infos bei der Tourist-Info | **Tipp** Im Museum Grimmwelt in Kassel kann man das Wirken der Sprachforscher und Märchensammler Jacob und Wilhelm Grimm erleben – unter anderem im Waldhaus (www.grimmwelt.de).

52 Der Bahai-Tempel

Die neun Türen zum Himmel

Weiß strahlt die erhabene Kuppel des Rundbaus übers Land. Ein wenig fremdartig, fast wie ein Ufo, wirkt die imposante Architektur des Bahai-Tempels im Taunus, wo sonst Kirchtürme und grüne Baumkronen den Ton angeben. Wer sich dem »Haus der Andacht«, wie es offiziell heißt, nähert, entdeckt rundum neun gleich gestaltete Zugänge, die ins Innere führen. Wahrscheinlich aus praktischen Gründen ist aber nur eine der Türen geöffnet. Drinnen sind im Halbkreis Stühle aufgestellt, und Schilder laden zur Stille ein – ein wohltuendes Angebot. Der Blick geht durch Glasfronten ins gepflegte Grün, die Skyline Frankfurts am Horizont. Schaut man gen Himmel in die Spitze der Kuppel, sieht man ein arabisches Schriftzeichen, welches das ausliegende Gebetsheftchen so übersetzt: »O Herrlichkeit des Allherrlichen«.

Und schon ist man mittendrin im Zentrum der Bahai-Religion. Der Allherrliche, das ist der eine Gott, der sich in allen Weltreligionen der Menschheitsfamilie manifestiert hat, so die Überzeugung des Stifters Bahā'ullāh (1817–1892). Der Perser verbrachte als sektiererischer Muslim viele Jahre im Gefängnis und hinterließ umfangreiche Schriften – göttliche Offenbarungen für die ganze Menschheit, so glauben die acht Millionen Bahai-Anhänger, von denen 6.000 in Deutschland leben.

Im Besucherzentrum neben dem Tempel klärt ein freundlicher älterer Herr Fragende auf: Krishna, Abraham, Mose, Zarathustra, Buddha, Jesus Christus, Muhammad, Báb und Bahā'ullāh – es gebe nur einen einzigen Gott, der sich im Laufe der Geschichte unter verschiedenen Namen offenbarte. Trennende Unterschiede zwischen den Religionen existierten nicht, die Menschen sollten in Liebe und Eintracht zueinanderfinden, egal, woher sie kommen und welchem Glauben sie anhängen. Ach ja, klar: Die neun Türen zum Tempel – eine für jede Religion. Für die Symbolwirkung wäre es besser, wenn alle geöffnet wären.

Adresse Bahai-Haus der Andacht, Eppsteiner Straße 95, 65719 Hofheim-Langenhain, Tel. 06192/901677, www.bahai.de | **ÖPNV** S 2 Richtung Niedernhausen bis Hofheim, Bus 403 Richtung Wildsachsen, Haltestelle Langenhain Siedlung, fünf Minuten Fußweg | **Anfahrt** A 66 Richtung Wiesbaden, Ausfahrt Hattersheim / Kriftel oder Diedenbergen, Richtung Hofheim beziehungsweise Langenhain, den Hinweisschildern folgen | **Öffnungszeiten** April–Okt. täglich 9–20 Uhr, Nov.–März täglich 9–18 Uhr, Sonntagsandachten um 15 Uhr | **Tipp** Das Bahai-Weltzentrum liegt auf dem Berg Karmel in Israel. Wer nicht so weit reisen will, kann eine der 34 hessischen Bahai-Gemeinden besuchen, zum Beispiel in Frankfurt oder Marburg.

53 Das St.-Bonifatius-Kloster

Den Himmel für andere offen halten

Wer bei »Hünfelder Oblaten« an eine osthessische Lebkuchenleckerei denkt, liegt völlig falsch. Nein, es geht um die Mitglieder der »Oblatenmissionare der Makellosen Jungfrau Maria«, die seit 1895 im St.-Bonifatius-Kloster in Hünfeld ansässig sind. 30 Brüder und Patres leben dort in einer Gemeinschaft, die traditionell als Missionsorden gilt. Hünfeld war die Ausbildungsstätte für Missionare, die von Hessen aus in alle Welt gesandt wurden – etwa nach Namibia oder in die »Grüne Hölle« von Paraguay. Auch die Volksmission in Deutschland lag den Mönchen am Herzen, denn sie wollen die christliche Botschaft verkünden, in der erklärten Absicht, »dass sich viele Menschen zu Jesus und seiner Kirche bekehren«. Heute ist das Kloster ein Tagungszentrum.

Was bedeutet nun dieser Name – Hünfelder Oblaten? Dem Mysterium kommt auf die Spur, wer in der Klosterkirche den schmalen Eingang zur Kapelle im Kirchturm entdeckt, eine Wendeltreppe hinaufsteigt und sich in einem kleinen Gebetsraum mit Aussicht ins Kirchenschiff wiederfindet. Hier ist das Allerheiligste in einer Monstranz ausgestellt – die Oblate, die geweihte Hostie, die bei der Eucharistie gereicht wird. Für Katholiken gilt wortwörtlich, was Jesus beim letzten Abendmahl sagte: »Dies ist mein Leib …« Im Hünfelder Anbetungsturm fühlen sich Beter diesem Jesus ganz nahe, weil die Hostie nach der Wandlung tatsächlich den Leib Christi enthalten soll. Theologen sprechen von »Realpräsenz«.

»Eucharistische Anbetung« nennt man die im Katholizismus seit Einführung des Fronleichnamsfestes im Jahr 1264 bekannte Form des stillen Gebets, zu der in Hünfeld eingeladen wird. Dabei spielt die himmlische Gestaltung dieses herausgehobenen Ortes eine besondere Rolle, denn der Betende sieht sich einer strahlenden Jesusfigur gegenüber, und über dem Kopf wölbt sich im Gebetsraum ein offener Sternenhimmel, der den Affenköpfchennebel im Orion darstellt.

Adresse Klosterstraße 5, 36088 Hünfeld, Tel. 06652/940, www.bonifatiuskloster.de | **ÖPNV** vom Bahnhof Hünfeld zehn Minuten Fußweg | **Anfahrt** A 7, Ausfahrt Hünfeld/Schlitz, acht Kilometer auf der L 3176, im Ort den Schildern folgen | **Tipp** Eine ganz andere Sicht auf die Welt hatte der »Vater des Computers« Konrad Zuse. Ihm hat man in Hünfeld ein Museum gewidmet (www.zuse-museum-huenfeld.de).

54 Das Kloster Gnadenthal

Die Vision der Jesus-Bruderschaft

Radfahrer, die im Taunus unterwegs sind, machen gern Rast in Gnadenthal. Denn auf dem Gelände des ehemaligen Zisterzienserinnenklosters finden sie nicht nur einen Klosterladen mit Galerie, ein Café und eine Toilette, sondern auch eine Radfahrerkirche, in der man nach anstrengendem Pedaltreten Momente der Stille erleben kann. Die Kirche neben dem roten Fachwerk des Äbtissinnenhauses ist ein historischer Ort, erfüllt mit aktuellem Leben: Jeden Morgen und Abend wird das Gebäude aus dem 13. Jahrhundert von den Dorfbewohnern für Andachten genutzt. Gnadenthal ist das Zentrum der Ökumenischen Kommunität »Jesus-Bruderschaft«.

Rund 60 Menschen wohnen hier unter dem Motto »Versöhnt leben in der Vielfalt« zusammen – entweder zölibatär im Brüder- oder Schwesternhaus oder in Wohnungen für Familien. Zur Gemeinschaft gehören eine ökologische Landwirtschaft und – mit etwas Abstand auf dem Hügel – das Haus der Stille mit Gästezimmern. Hier buchen sich Menschen zum Beispiel für »Stille Wochenenden« ein. Diese beinhalten gemeinsames Schweigen, Gebetszeiten, Gottesdienste, biblische Impulse und Seelsorgeangebote. Auch Kinder und Jugendliche mit weniger Stillebedürfnis kommen nach Gnadenthal – der Nehemia-Hof bietet bunte Freizeit- und Bildungsprogramme für Klassenfahrten und Konfirmandengruppen an.

1969 fanden sich Mitglieder der Jesus-Bruderschaft, die bis dahin in kleinen Gruppen in verschiedenen Städten gelebt hatten, in Gnadenthal ein, um hier ihren Alltag in Güter- und Glaubensgemeinschaft zu teilen. Sie kauften umliegende Bauernhöfe und bauten in den Feldern und Streuobstwiesen weitere Häuser. Über die Jahrzehnte haben die Jesus-Brüder und -Schwestern ihre Dorfgemeinschaft gepflegt, dabei aber immer über den Tellerrand geschaut. Bis heute ist das so: Jeden Mittag um zwölf treffen sie sich zum Gebet für die Einheit des weltweiten Volkes Gottes. Auch Radfahrer dürfen mitbeten.

Adresse Hof Gnadenthal 19 a, 65597 Hünfelden, Tel. 06438/81200, www.kloster-gnadenthal.de | **ÖPNV** nächstgelegene Haltestellen: Bahnhöfe in Bad Camberg und Niederselters, von dort etwa eine Stunde zu Fuß nach Gnadenthal | **Anfahrt** A 3, Ausfahrt Bad Camberg, Richtung Hünfelden-Dauborn, Kloster zweimal ausgeschildert, erste Einfahrt zum Klosterdorf nehmen | **Tipp** Die Jesus-Bruderschaft gibt es auch im Kloster Volkenroda in Thüringen, wo sich der moderne Christus-Pavillon der Expo 2000 mit der romanischen Klosterkirche verbindet (www.kloster-volkenroda.de).

55__Die Unionskirche

Bilderflut vom Himmel

Der Blick nach oben kann mitunter zu Nackenstarre führen. So ist es nur konsequent und fürsorglich, dass der Kirchenvorstand der evangelischen Unionskirche Idstein zur »Nacht der offenen Kirchen« Liegestühle aufstellte, um den Besuchern eine bequeme Haltung beim ausdauernden Blick in den Kirchenhimmel zu ermöglichen. Will man nämlich alle 38 großformatigen Kunstwerke der Bilderdecke in Augenschein nehmen, braucht man schon ein Weilchen, und Hals und Schultern drohen steif zu werden.

Die Unionskirche ist ein Unikum. Das wusste schon der barocke Frankfurter Kunstkenner Joachim von Sandrart und schwärmte: »… dergleichen man in Teutschland noch nicht gesehen / darinnen oberhalb die ganze Decke der Kirchen mit den fürnehmsten Evangelischen Historien des Neuen Testaments in Lebens-Größe / mit gemahlten Tafeln …« Eine Bilderbibel also, die das Leben Jesu von der Geburt bis zur Kreuzigung und Auferstehung erzählt. Graf Johannes von Nassau-Idstein ließ die Stiftskirche im 17. Jahrhundert umbauen und mit Bildern ausschmücken – nicht, wie sonst üblich, mit Fresken, sondern er ließ Einzelbilder mit biblischen Szenen auf Leinwand malen und diese an Wänden und Decke befestigen. Der Blick des Betrachters fällt auf die zentrale Figur des Evangeliums, Jesus Christus selbst eröffnet die Perspektive ins ersehnte Himmelreich.

Der katholische Maler Michael Angelo Immenraet aus Antwerpen, ein Schüler von Rubens, schuf die meisten Kunstwerke. Auch das ist außergewöhnlich. Seine Bildsprache mutet in der evangelischen Kirche oft fremd an. Theologische Deutungen des Bilderzyklus wiederum gehen in Richtung Pietismus: An der Kirchendecke dreht sich alles um den Weg zu Gott und zum Seelenheil. Bevölkert ist die Idsteiner Kirche zudem von himmlischen Heerscharen. Unter den Emporen tummeln sich Engel in großer Zahl – pummelige Putten als Tugend-Botschafter.

Adresse Platz der Nassauischen Union, 65510 Idstein im Taunus | **ÖPNV** vom Bahnhof Idstein 20 Minuten Fußweg | **Anfahrt** A 3, Ausfahrt Idstein, über B 275 in die Idsteiner Altstadt | **Öffnungszeiten** 9–18 Uhr (im Winter bis 16.30 Uhr); Führungen über das Gemeindebüro unter Tel. 06126/2787 oder www.unionskirche-idstein.de buchbar, virtuelle Führung unter www.show360.de/unionskirche-idstein | **Tipp** Werfen Sie einen Blick auf das Schiefe Haus in der Rodergasse 1/3: Der Erbauer des viergeschossigen Fachwerkhauses wollte unbedingt das höchste Haus der Stadt besitzen, das durch Konstruktionsmängel aber in Schieflage geriet.

56 Auf der Elisabethkirche

Stephan Balkenhols »Mann im Turm«

In der documenta-Stadt Kassel gibt es drei prominente Männer, die gen Himmel streben. Nummer eins ist der Herkules. Schon lange bevor irgendwer an eine Kunstausstellung dachte, blickte der starke Held von der Wilhelmshöhe auf die Fuldastadt herunter. Weithin sichtbar verkörpert das Wahrzeichen Kassels Kraft, Mut und Klugheit.

Nummer zwei ist der Himmelsstürmer. Auf dem Vorplatz des Kulturbahnhofs schreitet eine lebensgroße Figur auf einem schrägen, 25 Meter langen Stahlrohr nach oben. Die Skulptur »Man walking to the sky« wurde 1992 von dem amerikanischen Künstler Jonathan Borofsky für die documenta 9 entworfen. Die Kasseler verliebten sich in das dynamische Symbol, sammelten Spenden – und der Himmelsstürmer durfte bleiben.

Und dann ist da noch Nummer drei, der Mann im Turm. Die bemalte Aluminiumfigur steht mit weißem Hemd und schwarzer Hose auf einer goldfarbenen Kugel im Turm der katholischen Kirche St. Elisabeth direkt am Friedrichsplatz. Der renommierte Kasseler Bildhauer Stephan Balkenhol hat dieses Kunstwerk im Rahmen einer kirchlichen Begleitausstellung zur documenta 13 geschaffen und anschließend der Gemeinde überlassen. Weil es kein offizielles documenta-Kunstwerk ist, kam es im Jahr 2012 zum Eklat: Die damalige künstlerische Leiterin Carolyn Christov-Bakargiev fühlte sich von Balkenhols Figur »bedroht«, reklamierte Exklusivität für die Weltkunstschau und forderte ihren Abbau.

Der Mann im Turm aber blieb, wo er war, und balanciert seither mit ausgebreiteten Armen in schwindelerregender Höhe, dreht sich im Wind um die eigene Achse und blickt in verschiedene Himmelsrichtungen. Was will uns der Künstler damit sagen? Balkenhol gibt keinen Kommentar, aber so viel ist klar: Auf der Elisabethkirche steht keine Heiligenfigur, sondern ein ganz normaler Mann mit gespreizten Armen, dessen Körper die Form des Kirchturmkreuzes über ihm nachstellt.

Adresse Friedrichsplatz 13, 34117 Kassel, Tel. 0561/874221, www.st-elisabeth-kassel.de | **ÖPNV** Trams 1, 3, 4, 5, 6, 8, Haltestelle Friedrichsplatz | **Anfahrt** A 7, Ausfahrt Kassel-Stadtmitte, Richtung Zentrum bis zum Friedrichsplatz | **Tipp** Auf dem Friedrichsplatz kann man ein documenta-Kunstwerk leicht übersehen. Es ist der »Vertikale Erdkilometer« von Walter De Maria aus dem Jahr 1977: 167 dünne Messingstäbe reichen 1.000 Meter in die Tiefe.

57 Die Bank der Stille

Andachtskubus statt Tresorraum

Beim Umbau der Zentrale der Evangelischen Bank in Kassel traf das Management vor wenigen Jahren eine folgenschwere Entscheidung: Der alte Banksafe, das durch meterdicke Betonmauern und schwere Stahltüren geschützte Heiligtum des Geldinstituts, sollte nicht mehr genutzt werden, blieb aber erhalten und steht nun leer. Dagegen stellten die Banker in der neuen Eingangshalle einen weißen Kubus als »Raum der Stille« auf. Dessen weitgehend leeres Inneres soll Mitarbeitern und Kunden Rückzugsmöglichkeiten zu Gebet und Meditation bieten.

»Andachts- statt Tresorraum« lautete also die Formel. Während sich früher alles am schnöden Mammon orientierte, soll nun das Spirituelle sichtbar dominieren. Der Grund: Die Evangelische Bank ist kein normales Kreditinstitut. Genossenschaftlich organisiert, wendet sie sich an Kunden aus Kirche, Diakonie, Gesundheits- und Sozialwirtschaft, aber auch an Privatmenschen mit christlicher Werteorientierung. Rund 400 Mitarbeiter wickeln die Geldgeschäfte der Kunden in der umweltschonend errichteten Zentrale der größten deutschen Kirchenbank ab.

Mittendrin nun der »Raum der Stille«. Was soll dort passieren? Lauschen meditierende Kunden auf den Rat von ganz oben für ihre Finanzgeschäfte? Warten Broker auf die Eingebung für den todsicheren Investmenttipp? So will man es in Kassel nicht verstanden wissen – vielmehr geht es der Bank ums Nachdenken über ethisch verantwortliches Handeln. Nachhaltigkeit ist das Stichwort auf dem Weg zu einer klimaresistenten, ressourcenschonenden und sozialeren Wirtschaftsweise. Immerhin wurde beim millionenteuren Umbau des Hauses so viel alte Bausubstanz erhalten wie möglich. 160.000 Buchen wären notwendig gewesen, um die vermiedenen Emissionen in einem Jahr zu binden, haben die Bauherren ausgerechnet. Den leeren Banksafe als »Raum der Stille« weiter zu nutzen – auf diese Idee ist allerdings niemand gekommen.

Adresse Evangelische Bank eG, Ständeplatz 19, 34117 Kassel, Tel. 0800/52060410, www.eb.de | ÖPNV Trams 4, 7, 8, Haltestelle Ständeplatz; RT1, RT4, RT5, Haltestelle Wilhelmsstraße/Stadtmuseum | Anfahrt A 7, Ausfahrt Kassel-Stadtmitte, Richtung Zentrum, auf Fünffensterstraße abbiegen | Tipp Wer Stille lieber in einer konventionellen Kirche erleben möchte, geht zur ein paar Schritte entfernten Karlskirche, die 1710 am Karlsplatz von Hugenotten erbaut wurde.

58 Die Künstler-Nekropole

Ewige Ruhe am Blauen See

Harry Kramer – gelernter Friseur, Theatertänzer und später Kunstprofessor in Kassel – war ein skurriler Typ. Seine Kunstaktionen waren spektakulär. Einmal ließ er sich für 14 Tage im documenta-Museum Fridericianum einmauern. Seine Studenten lehrte er das Fallschirmspringen. Sein letztes Projekt war die Kasseler Künstler-Nekropole – eine Totenstadt mitten im Wald. Die Idee: Hier sollten Künstler ihre eigene Ruhestätte kreieren.

Spaziergänger begegnen heute auf dem Gelände deren Spuren. »Das Auge ist das Herz der Kunst.« Eingeritzt in die Lehne einer Bank oberhalb des Blauen Sees, findet sich dieses Zitat eines Verstorbenen. Wer auf der Bank Platz nimmt, blickt direkt auf das Grabmal des Grafikers Karl Oskar Blase – eine übermannshohe Skulptur in Form eines Auges mit dem Titel »Momentum«.

Ein anderthalb Kilometer langer Rundwanderweg führt an insgesamt zehn Grabmälern vorbei, 30 weitere sind geplant. Namhafte Künstler, meist aus dem Umfeld der documenta, errichten hier zu Lebzeiten ihre eigenen Grabmäler. Sofern sie bereits verstorben sind, wurden sie dort auch bestattet. So wie Harry Kramer: 1992 gründete er die Künstler-Nekropole-Stiftung, 1997 starb er, seine Urne wurde auf dem Gelände anonym beigesetzt. Das Landschaftsschutzgebiet wollte er nicht stören, keinen elitären Friedhof schaffen, sondern einen Ort der Besinnung.

Die Kunstwerke regen die Sinne der Wanderer auf unterschiedliche Weise an. Raumgreifende Arbeiten wie die der Kölner Künstlerin Rune Mields (geboren 1935) laden dazu ein, ein Buchstabenfeld zu entschlüsseln. Es ist kompliziert: Der Betrachter folgt Buchstaben, die Primzahlen markieren. Leichter zu begreifen ist die riesige Vogeltränke über dem Grab von Heinrich Brummack (gestorben 2018): Die Granitschale, die auf zwei Sarkophagen ruht, bietet schlicht und einfach Wasser, in dem sich der nordhessische Himmel spiegelt.

Adresse Blauer See 2, 34128 Kassel, www.kassel.de/kuenstler-nekropole | ÖPNV Busse 10, 24, Haltestelle Sonnenhang, 500 Meter zum Wanderparkplatz | Anfahrt von der A 7 auf die A 44, Ausfahrt Wilhelmshöhe, über Rasenallee bis zum Wanderparkplatz Habichtswald in Kassel-Harleshausen | Öffnungszeiten immer zugänglich | Tipp Der Kasseler Hauptfriedhof besteht seit 1843 und bietet mit seinen breiten Wegen, den kunstvollen Grabskulpturen und dem alten Baumbestand eine Oase der Ruhe mitten in der Stadt (www.friedhofsverwaltung-kassel.de).

59 Die Rieger-Orgel

Wind in den Haaren

Manche Kirchenorgeln nimmt man erst wahr, wenn jemand auf ihnen spielt und das Gotteshaus zum Klingen bringt. Mit der Rieger-Orgel in der Kasseler Martinskirche ist das anders: Das Instrument will zunächst einmal gesehen werden. Der optische Eindruck dieser – wie Kirchenmusikdirektor Eckhard Manz betont – »weltweit einzigartigen Orgel« ist faszinierend. Sie nimmt die gesamte Breite der Bischofskirche ein. Über dem Spieltisch thronen, wie zufällig verteilt, 90 sichtbare Prospektpfeifen, dahinter 5.400 weitere – elf Meter misst die längste, acht Millimeter die kleinste Pfeife. Beide erzeugen extrem tiefe beziehungsweise hohe Frequenzen, die vom menschlichen Ohr kaum noch wahrzunehmen sind.

Wenn der Organist Tasten und Pedale drückt und der Blasebalg Wind durch die Pfeifen schickt, beginnt das eigentliche Schauspiel: Der 20 Meter breite Vorhang aus langen schwarzen Haaren kommt in Bewegung, macht das Instrument lebendig. Besonders wenn neue Kirchenmusik die Orgel wie ein wildes Tier im Sturm brüllen, wimmern und heulen lässt, fliegt die Mähne hoch. Ja, das alles kann seine Orgel, freut sich Manz, der das brausende Klanggewitter während einer Führung gern demonstriert. Es bleibt ein Geheimnis, wie das Konstrukt des Künstlers Yngve Holen aus wehenden Haaren, Ventilatoren und Orgelpfeifen funktioniert. Was keine andere Orgel weltweit beherrscht: das Erzeugen von Halb- und Vierteltönen, die typisch für zeitgenössische Kompositionen sind. Die österreichische Orgelbaufirma Rieger leistete in Kassel Pionierarbeit.

Kann die Orgel nur modern? Nein, in der Martinskirche, wo einst schon Johann Sebastian Bach an der Orgel saß, sind auch klassische Harmonien gefragt. In Konzerten und Gottesdiensten wird aber gern experimentiert. Zum Beispiel, wenn der Organist im Nachspiel mit unbekannten Tönen improvisiert und so vom »neuen Himmel« erzählt, der zuvor in einem Kirchenlied besungen wurde.

Adresse Musikbüro St. Martin, Martinsplatz 5 a, 34117 Kassel, Tel. 0561/92000919, www.musik-martinskirche.de | **ÖPNV** Trams 1, 3, 4, 5, 6, 7, 8, Haltestelle Königsplatz, vier Minuten Fußweg | **Anfahrt** A 7, Ausfahrt Kassel-Stadtmitte, Richtung Zentrum, am Friedrichsplatz in Oberste Gasse einbiegen und bis zum Martinsplatz | **Öffnungszeiten** Infos zu den einstündigen Führungen mit dem Organisten Eckhard Manz siehe Website | **Tipp** Der Kasseler Hofkapellmeister, Komponist und Musikpädagoge Louis Spohr gehört zu den herausragenden Musikern des 19. Jahrhunderts. Ihm ist ein kleines Museum im Kulturbahnhof gewidmet (www.spohr-museum.de).

60__Das Sepulkralmuseum

Lachen über die eigene Endlichkeit

Letzte Hemden, Sensenmänner, Stundengläser, Totentänze, kunstvoll bemalte Särge, Trauerschmuck und Leichenwagen – im Kasseler Museum für Sepulkralkultur wird gesammelt, was über die Jahrhunderte unseren Umgang mit dem Tod bestimmt hat. Die einzigartige Kultureinrichtung mit dem schwierigen Namen – *sepulcrum* bedeutet auf Lateinisch Grab – hat es sich zur Aufgabe gemacht, Bestattungs- und Trauerriten, aber auch künstlerische Sichtweisen auf das Sterben und den Tod zu dokumentieren.

Wie gehen Menschen mit der eigenen Endlichkeit um? Sehr individuell und zeitbedingt, wie die Objekte auf dem Areal der ehemaligen Villen der Fabrikantenfamilie Henschel auf dem Kasseler Weinberg zeigen. Schon auf dem Außengelände alte Grabsteine, deren Inschriften aufs Jenseits verweisen – tröstlich für Angehörige ist die Hoffnung auf ein Wiedersehen im Himmel. Gruselig im Inneren: die mit Totenköpfen bemalten schwarzen Särge der Familie von Stockhausen aus dem 18. Jahrhundert. Oder die in transzendentem Blau leuchtende Urne für Seebestattungen, die sich nach der Beisetzung im Wasser auflöst.

Spannend wird es, wenn die Macher den dokumentarischen Ansatz verlassen. In regelmäßigen Sonderausstattungen geht man aktuellen gesellschaftlichen Fragen nach. Etwa dem Thema Suizid. 10.000 Menschen sterben jedes Jahr in Deutschland durch die eigene Hand, die meisten in schweren psychischen, sozialen und körperlichen Notlagen. Die Sonderausstellung »Suizid – Let's talk about it« holte das Thema aus der Tabuzone.

Über den Tod darf man aber auch lachen. Immer wieder begegnet man im Sepulkralmuseum schwarzhumorigen Karikaturen und Cartoons von Zeichnern, die sich auf ihre Weise mit den letzten Dingen beschäftigen. Dabei hilft die Zusammenarbeit mit der Galerie Caricatura. Bereits zur Museumseröffnung im Jahr 1992 lautete der Titel der Karikaturenausstellung »Schluss jetzt!«.

Adresse Weinbergstraße 25–27, 34117 Kassel, Tel. 0561/918930, www.sepulkralmuseum.de | **ÖPNV** Trams 4, 8, Haltestelle Rathaus/Fünffensterstraße, sieben Minuten Fußweg | **Anfahrt** A 7, Ausfahrt Kassel-Stadtmitte, Richtung Zentrum, auf Fünffensterstraße, dann auf Wilhelmshöher Allee abbiegen | **Tipp** Schwarzer Humor findet sich zuhauf in der Caricatura-Galerie für Komische Kunst am Kasseler Hauptbahnhof (www.caricatura.de).

61 Die Alten Meister

Bildpredigt mit reuigen Sündern

Dieses Treffen ist nur im Himmel vorstellbar. »Maria mit Jesus und Johannes, von reuigen Sündern und Heiligen verehrt« heißt das Bild, das um 1619 vom Starmaler Peter Paul Rubens geschaffen wurde. Rechts eine strahlende Madonna mit zwei nackten Knaben, ihr gegenüber die zerknirschte Hure Maria Magdalena, der gramgebeugte verlorene Sohn, ein schuldbewusster König David, der Kirchenvater Augustinus, die Ordensgründer Franziskus und Dominikus und der fahnenschwingende heilige Georg. Biblische Personen und Helden der Christenheit aus zwei Jahrtausenden sind auf dem Bild vereint – vom 11. vorchristlichen bis zum 12. nachchristlichen Jahrhundert. Rubens' himmlische Gesamtschau zeigt die »Gemeinschaft der Heiligen« aus dem apostolischen Glaubensbekenntnis – alle in Verehrung der Muttergottes zugetan.

Das wandhohe Ölbild hängt in der Kasseler Gemäldegalerie Alte Meister im Schloss Wilhelmshöhe, dort, wo auch Werke von Rembrandt, Dürer und Tizian zu Hause sind.

Im Museum gibt es die schöne Tradition der Bildpredigt. Das ist eine Sonntagmittags-Veranstaltung, bei der sich eine kunstsinnige Gemeinde vor einem Werk versammelt, um es gleichzeitig aus künstlerischer und theologischer Sicht zu betrachten. Im Fall von Rubens erklären ein (evangelischer) Pfarrer und eine (katholische) Kunsthistorikerin dem Publikum im Dialog, was sie auf dem Altarbild sehen.

»Gegenreformation« ist das große Stichwort dieser Bildpredigt. Rubens war Maler der Rekatholisierung. Der Antwerpener war auch Diplomat der spanisch-habsburgischen Krone und daher Anti-Protestant, erfahren wir. Marienverehrung war ihm näher als das lutherische *sola scriptura*. Seine Technik aber machte ihn berühmt: Licht und Farbe erwecken seine Figuren zum pulsierenden Leben. Eines der größten Kunstgenies ist in diesem Sinne weder evangelisch noch katholisch, sondern einfach nur himmlisch.

Adresse Gemäldegalerie Schloss Wilhelmshöhe, Schlosspark 1, 34131 Kassel, Tel. 0561/31680123, www.museum-kassel.de | **ÖPNV** Tram 1 bis Endstation Wilhelmshöhe, 15 Minuten Fußweg | **Anfahrt** von der A7 auf die A44, Ausfahrt Wilhelmshöhe, den Schildern zum UNESCO-Weltkulturerbe folgen | **Öffnungszeiten** Di–So und Feiertage 10–17 Uhr; Termine für Bildpredigten unter www.ev-forum.de und www.veranstaltungen.museum-kassel.de | **Tipp** Spannend sind auch die Bildpredigten zu moderner Kunst, die zum Beispiel in der Neuen Galerie Kassel stattfinden.

62 Der Bergpark

Bäume umarmen, die in den Himmel wachsen

In Wilhelmshöhe, 2013 zum UNESCO-Weltkulturerbe ernannt, warten 15.000 Bäume auf Hautkontakt. Häufig kann man in Europas größtem Bergpark beobachten, wie sich einzelne Spaziergänger verstohlen an Bäume heranmachen oder ganze Gruppen Stämme umzingeln, um diese zu berühren. Mit geschlossenen Augen riechen sie an der Rinde, ertasten durchs Holz rauschende Säfte, lauschen auf Blätterrascheln im Wind.

Seit Waldbaden »in« ist und Förster Peter Wohlleben »das geheime Band zwischen Mensch und Natur« beschrieb, ist bekannt, dass Bäume-Umarmen kein Humbug ist. Es ist sogar wissenschaftlich erforscht: Unser Blutdruck normalisiert sich in der Umgebung von Bäumen, die Farbe Grün beruhigt, der Wald schärft unsere Sinne. Umgekehrt reagieren aber auch Pflanzen positiv auf menschliche Berührung. Das wissen Baumfreunde wie auch jene, die zu Hause ihren *Ficus benjamina* streicheln.

Kurzum: Der Baum ist etwas ganz Großes, und der Mensch wollte ihm schon immer nahe sein. Seit Urzeiten ist das so. Bäume wachsen in den Himmel, ziemlich weit senkrecht nach oben. Von der Wurzel bis zum Blätterdach verbinden sie in der Vertikalen Erde und Himmel. Kein Wunder, dass unseren Vorfahren Bäume als heilig galten, dass man Götter, Geister und Feen in ihren Wipfeln verortete. Im Paradies stand der Baum der Erkenntnis. In anderen Religionen kennt man den Baum des Lebens als kosmisches Symbol.

Warum nun gerade in Wilhelmshöhe Bäume umarmen? Weil man hier seinen Partner persönlich kennenlernen kann, denn es gibt eine Gehölzliste, ein Baumkataster, das nummerierte Exemplare namentlich benennt: Nummer 214 zum Beispiel ist eine Nutka-Goldzypresse, 29 Meter hoch, 80 Zentimeter dick, aus Nordamerika stammend. Noch stattlicher ist die Sommerlinde Nummer 50 hinter dem Marstall. Garantiert willig umarmen aber lässt sich die schlanke Japanische Kaiser-Eiche Nummer 202, Stammdurchmesser 16 Zentimeter.

Adresse Besucherzentrum, Wilhelmshöher Allee 380, 34131 Kassel, Tel. 0561/316800, www.museum-kassel.de | ÖPNV Tram 1, Endstation Wilhelmshöhe/Park | Anfahrt von der A 7 auf die A 44, Ausfahrt Wilhelmshöhe, den Schildern zum UNESCO-Weltkulturerbe folgen | Tipp Noch mehr Bäume zum Umarmen findet man im Naturpark Habichtswald mit seinen großen Buchenwaldbeständen, der an den Bergpark angrenzt.

63__Die Löwenburg

Für Wilhelm war es der Himmel auf Erden

Wilhelm I. von Hessen-Kassel (1743–1821) wollte nicht up to date sein, im Gegenteil: Der in Kassel regierende Kurfürst und Landgraf fühlte sich dem Gestern näher als dem Morgen. Wie die absolutistischen Monarchen vor ihm wollte er seine Macht unumschränkt ausleben. Alles, was die Französische Revolution an Neuem gebracht hatte, war ihm abhold.

Auch sein Architektur-Geschmack war eher rückwärtsgerichtet, die Löwenburg im Bergpark Wilhelmshöhe zeugt davon: Eine verfallene Ritterburg mit Zugbrücken und Bergfried, 100 barocken Räumen und einem Lustgarten ließ er in die Kasseler Berge setzen – zu einer Zeit, als schon die Dampflokomotive erfunden war. Ein bisschen war es bei Wilhelm wie Jahrzehnte später beim bayerischen König Ludwig und seinem Neuschwanstein – die mittelalterlich anmutende Fake-Ruine diente dem Landgrafen zum Abtauchen in eine romantische Scheinwelt. Gleichzeitig schuf er sich ein prachtvolles Mausoleum, denn unter dem Altar der 1805 fertiggestellten Löwenburg-Kapelle – einer evangelischen Kirche mit katholischen Weihwasserbecken, die nur von ihm privat genutzt wurde – ließ sich Wilhelm bestatten.

Zuvor jedoch trieb er es recht munter, wie man bei einer Burgführung erfährt. Die Nachwelt weiß von 29 Kindern – vier davon stammten von seiner Ehefrau, der Rest von diversen Mätressen. Er verkaufte hessische Soldaten nach Amerika und versorgte sich so mit dem Geld, das er für seine umfangreiche Bautätigkeit benötigte. Die künstliche Ruine Löwenburg wurde immer weiter ausgebaut und auch innen stilgerecht ausstaffiert. Besuchermagnete sind heute die Rüstungen des geheimnisvollen Schwarzen Ritters und – als sein Gegenstück – der Weiße Ritter aus Porzellan. Achtung: Der Legende nach kommt der Schwarze Ritter, der den Trauerzug bei Wilhelms Beisetzung anführte, übrigens alle 17 Jahre aus seiner Gruft und streift durch den Bergpark.

Adresse Schlosspark 9, 34131 Kassel, Tel. 0561/31680244, www.museum-kassel.de | **ÖPNV** Tram 1 vom ICE-Bahnhof Kassel-Wilhelmshöhe bis Endhaltestelle Wilhelmshöhe / Park, steiler Fußweg durch den Bergpark bis zur Löwenburg (45 Minuten); Shuttlebusse vom Besucherparkplatz Schloss Wilhelmshöhe zur Löwenburg (halbstündlich) | **Anfahrt** von der A 7 auf die A 44, Ausfahrt Wilhelmshöhe, den Schildern zum UNESCO-Weltkulturerbe folgen | **Tipp** Mit dem MHK-Tagesticket kann man neben der Löwenburg auch Schloss Wilhelmshöhe, den Herkules und das Gewächshaus besuchen. Ein Blick vom frisch restaurierten Bergfried über die Stadt Kassel lohnt sich.

64 Der Ziegenstall

In Balance mit der Umwelt

Evangelisch, katholisch, freikirchlich – in der Kreisstadt Korbach gibt es ein breites Angebot an schmucken Kirchen, und auch eine Moschee fehlt nicht. Garantiert konfessionsfrei aber ist der Pavillon der Stille in der Nähe des Hauptbahnhofs, den auch viele Einheimische nicht kennen. Das ist nicht weiter verwunderlich, denn ein ehemaliger Ziegenstall ist nun einmal kein stadtprägendes Gebäude. Zudem verbirgt sich das Häuschen hinter einem Neubaukomplex, muss also aktiv gesucht werden.

Architekt Christoph Hesse stieß bei einem Bauprojekt auf das ruinöse Hinterhofgebäude, das eigentlich abgerissen werden sollte, um Platz für zwei Parkplätze zu schaffen. Doch Hesse erkannte das Potenzial der alten Mauern und begeisterte auch den Bauherrn für die Idee einer öffentlichen Nutzung. Mit minimalem Einsatz wurde ein jederzeit zugänglicher Treffpunkt gestaltet, der »auf metaphorische Weise die derzeitige Ökostromerzeugung« demonstrieren soll, so der Architekt. Den Backsteinwänden fehlen Tür, Fenster und auch das Dach. Stattdessen wurde der Innenraum zum Himmel geöffnet. Ein Ringanker aus Beton bewahrt das Konstrukt vor dem Einsturz.

Was sieht man im Inneren? Nicht viel: ein paar Blumen, Kräuter, Büsche und Bäumchen. In der Mitte des begrünten Raums wurde eine Hängematte an Seilen befestigt, die durch vier Steine in Balance gehalten wird. Ein informierendes Hinweisschild für Besucher fehlt, aber immerhin erklärt die Architekten-Website die Installation: »Dieses Gleichgewicht symbolisiert die Gewinnung von grüner Energie aus Windkraft-, Wasserkraft-, Biogas- und Photovoltaikanlagen in Korbach. Aus diesen Quellen werden zurzeit 80 Prozent des Stroms vor Ort gewonnen. Der Durchschnitt in Deutschland liegt bei circa 45 Prozent. Der Pavillon soll zeigen, dass es 100 Prozent werden müssen, um in Balance mit der Umwelt zu leben.« Darüber kann man hier in aller Stille nachdenken.

Adresse Raum der Stille, Am Hauptbahnhof 12, 34497 Korbach, Tel. 05631/5014576, www.christophhesse.eu | **ÖPNV** vom Hauptbahnhof zwei Minuten Fußweg | **Anfahrt** A 44, Ausfahrt Zierenberg, über B 251 bis Korbach-Zentrum | **Tipp** Wem nach Meditation mit etwas mehr optischen Reizen zumute ist, der besucht die beiden Hauptkirchen der Hansestadt Korbach: In St. Nikolai (mit dem schiefen Turm) und in St. Kilian (mit der quadratischen Turmgalerie) sind wunderschöne mittelalterliche Flügelaltäre zu sehen.

65 Die Johanniskirche

Bienen statt Bilder

Die Johanniskirche in Kronberg im Taunus ist reich an Kunstschätzen. Ein Kirchenführer listet 37 Sehenswürdigkeiten auf, die man beim Rundgang durch die spätgotische Saalkirche entdecken kann: Grabmäler der Kronberger Ritter, die Skulptur von Johannes dem Täufer, den Marienaltar aus dem 15. Jahrhundert, die prächtige Kanzel oder die vier Wandteppiche, die einst die Kaiserin der Gemeinde schenkte. Nachhaltig beeindrucken freilich das bemalte Tonnengewölbe und die verzierten Wände. Zwischen Ornamenten musizieren Putten am Kirchenhimmel – 1617 gemalt vom Meister Spangenberg, den eine Inschrift verewigt: »Preis, Lob Heiligen Dreifaltigkeit / Des Mahlers Kunst hatt Zubereit.«

Die ganze Pracht gefiel einem überhaupt nicht: Pfarrer Johann Ludwig Christ. Er veränderte um 1800 den Innenraum der Kirche nach seinem Gusto, weil er Platz schaffen wollte für Kirchenstühle, die sich lukrativ an Honoratioren vermieten ließen. Der geschäftstüchtige Geistliche ließ Wände und Decken weiß überstreichen, Epitaphe und barocke Glasfenster entfernen, und er verscherbelte sogar Teile der wertvollen Innenausstattung. Bei Auktionen dieser, wie er meinte, »entbährlichen Stücke« soll der Lutheraner sogar selbst mitgeboten haben.

Wer war dieser späte Bilderstürmer? Der Theologe beschäftigte sich nebenberuflich vor allem mit Obstanbau und Bienenzucht. Hier konnte er glänzen. Er galt als ausgewiesener Experte für Baumschulen und Insektenkunde, schrieb sogar ein Standardwerk zur Pomologie, das ihm den populären Titel »Obstpfarrer« einbrachte. Während er sich intensiv den Phänomenen der Natur hingab, ging ihm jeglicher Kunstsinn ab – die Kirche wurde karg. Erst rund 100 Jahre später veranlasste die in Kronberg lebende Viktoria Kaiserin Friedrich die Freilegung der übermalten Kunstwerke, und die Johanniskirche kehrte zu alter Schönheit zurück. Der Himmel in St. Johann ging wieder auf.

Adresse Friedrich-Ebert-Straße 18, 61476 Kronberg im Taunus, Tel. 06173/5612, www.stjohann-kronberg.de | **ÖPNV** mit der S 4 bis zur Endstation, vom Bahnhof neun Minuten Fußweg zur Kirche | **Anfahrt** am Nordwestkreuz Frankfurt Richtung Steinbach/Eschborn und über L 3005 bis Kronberg | **Öffnungszeiten** tagsüber jederzeit zugänglich | **Tipp** Unmittelbar neben der Johanniskirche liegt die »Streitkirche«, im 18. Jahrhundert unter der Landesherrschaft der Kurfürsten von Mainz als katholische Kirche erbaut, aber nie als solche geweiht, was zum Kirchenstreit führte.

66 Der Totenköppel Meiches

Bauplatz auf dem Vulkan

Als die Germanen Christen wurden, verließen sie ihre alten Kult- und Sakralstätten nicht, sondern machten aus ihnen oft Standorte für Kirchen. Dort, wo sich die Menschen ihren heidnischen Göttern besonders nahe gefühlt hatten, wollten sie auch den neuen christlichen Gott verehren. Besonders Orte mit Fernsicht und solche in der Nähe von Quellen kamen für Tauf-, Predigt- und Begräbnisstätten in Frage.

So entstand auch auf dem Totenköppel, einem vulkanischen Vogelsberg-Hügel in der Nähe von Meiches, eine Kirche mit Friedhof. Wäre es nach den Einheimischen gegangen, hätten sie das Gotteshaus gern unten im Dorf errichtet. Aber das sollte offenbar nicht sein, denn das tagsüber dort gelagerte Baumaterial fand sich auf wundersame Weise an jedem neuen Morgen auf dem Totenköppel wieder. Boten des Himmels brachten es immer wieder dorthin. Nachtwachen beobachteten zwölf weiße Hirsche, die Steine und Holz bei Dunkelheit auf ihren Geweihen auf den Berg schafften. Oder war es das Werk von Engeln? Egal – der göttliche Fingerzeig zum auserwählten Bauplatz war unübersehbar.

Der mythische Ursprung dieses Ortes, der nach Ansicht von Historikern einstmals eine Kultstätte der Chatten gewesen sein könnte, strahlt auf Besucher aus, die hier ankommen. Man blickt weit über das Land zwischen Amöneburg, Wartburg und Fulda, sieht von oben Dörfer mit geheimnisvollen Namen wie Engelrod und Hörgenau. Die unter Denkmalschutz stehende Totenkirche wurde 1729 auf den Überresten einer früheren Kapelle gebaut. Alte Buchen und eine kreisrunde Mauer fassen den Friedhof auf dem ehemaligen Vulkanschlot ein. Das Besondere: Es ist ein in Deutschland einzigartiger Sippen-Begräbnisplatz – nur Familien aus Meiches haben das Recht, sich hier bei ihren Vorfahren bestatten zu lassen. Und ganz am Rand ist ein wenig Platz für Ortsfremde geblieben: Gräber für Handwerksburschen, Lehrer, Zigeuner und Pfarrer.

Adresse 36369 Lautertal-Meiches | Anfahrt A 5, Ausfahrt Alsfeld-West / Romrod, über L 3165 und L 3162 bis Meiches, ein Kilometer nach dem Ortsschild von der L 3162 abzweigen, den Hinweisschildern folgen | Tipp Wandern auf dem Vulkan kann man in der Nähe von Meiches: Der Vulkanring Vogelsberg ist ein Premiumwanderweg, der in mehreren Etappen Europas größtes erloschenes Vulkangebiet umrundet (www.vogelsberg-touristik.de).

67 Die St. Albert's Distillery

Spiritualität und Spirituosen

Spiritualität und Spirituosen – zwei schwierige Wörter, die mancher nach einigen Gläschen Alkohol durcheinanderbringen könnte. Besonders wenn man auf den Kirchenbänken in der St. Albert's Distillery sitzt, tut sich manche Zunge etwas schwer mit der Differenzierung. Denn hier geht es um beides: In der ehemaligen katholischen Kirche von Liebenau-Haueda, wo bis vor Kurzem noch geistlicher Zuspruch entgegengenommen wurde, werden heute geistige Getränke hergestellt und nicht selten auch gleich getrunken.

Genauer gesagt dreht sich in der St.-Albert-Kirche alles um den Gin. Wer die Kirchentür öffnet, blickt in den bunt illuminierten Altarraum, wo allerdings nicht mehr der Tisch des Herrn steht, sondern riesige Destillierapparate aus Edelstahl, mit denen reiner Alkohol zu Gin verfeinert wird.

Der spezifische Geschmack stammt von den Wacholderbeeren, die an Sträuchern im Diemeltal wachsen, wie Chefin Eike Seidenhefter erklärt, die die Destillerie zusammen mit ihrem Vater Kai betreibt. Dazu kommen noch einige »Botanicals«, und manche Sorte reift in alten Weinfässern nach.

Die leer stehende Kirche entdeckten die Gin-Macher bei einem Radausflug. Mit ihrem Konzept bewarben sie sich in Fulda als Käufer – und erhielten den Zuschlag, obwohl andere Interessenten mehr geboten hatten. Glücksspiel und Prostitution sind in der profanierten Kirche übrigens vertraglich ausgeschlossen. »Für uns war wichtig, was auch für das Bistum entscheidend war – nämlich, dass die Kirche weiterhin öffentlicher Raum bleibt. Zu den Geschäftszeiten kann hier jeder rein«, sagt Kai.

Und so kommen nicht nur Genießer auf einen Gin vorbei, sondern auch Gläubige, die in dem 1957 gebauten Kirchlein getauft wurden oder geheiratet haben. Nur wenige stören sich daran, dass in St. Albert's jetzt der Gin fließt.

Adresse Am Berge 1, 34396 Liebenau-Haueda, Tel. 05676/3719829, www.st-alberts.com | **ÖPNV** nächster Bahnhof im acht Kilometer entfernten Warburg/Westfalen | **Anfahrt** A 44, Ausfahrt Breuna, weiter über L 3312, L 3080 und L 3210 bis Haueda | **Öffnungszeiten** Fr 16–21 Uhr, Sa, So 12–21 Uhr, einmal im Monat Gin-Tastings | **Tipp** Nicht nur Radfahrer und Wanderer erreichen das Dörfchen an der Diemel über attraktive Wege, auch Kanufahrer können für einen Stopp direkt unterhalb der Destillerie anlegen.

68 Der Limburger Dom

Himmlische Wohnung mit sieben Türmen

Den Limburger Dom muss man nicht lange suchen: Seine sieben Türme recken sich vom Domberg hoch über der Lahn weithin sichtbar in den Himmel. Dazu die rot-weiße Signalfarbe und die prächtige Ornamentik der Außenfassade – kein Wunder, dass seit 800 Jahren Besucher von diesem Bauwerk magisch angezogen werden. In den Rang einer Kathedrale wurde die ehemalige Stiftskirche St. Georg erst 1827 erhoben, als Limburg Bischofssitz wurde. Doch diesen kleinen Imagemakel macht die Rekordzahl der Türme lange wieder wett.

Domführerin Waltraud, Schwester der geistlichen Familie »Das Werk«, ist für die Erklärungen im Inneren der Kathedrale zuständig. Denn was die Besuchergruppe, die in den Bänken sitzt, hier sieht, ist zum Staunen und alles andere als selbstverständlich. Der Blick geht nach oben zum sogenannten Wandaufriss, man fühlt sich wie in der Straßenschlucht einer vierstöckigen Hochhauszeile. »Die vielen Arkaden sind wie die offenen Tore der Himmelsstadt«, deutet Schwester Waltraud die umlaufenden Emporen. »Stellen Sie sich vor, Sie befinden sich in der Hauptstraße dieser himmlischen Stadt und schauen entlang der Fassaden mittelalterlicher Prachtbauten hinein in die himmlischen Wohnungen …« Und wem man dort alles begegnet: Apostel, Propheten und Heilige tummeln sich in diesem himmlischen Jerusalem. Das Figurenpersonal komplett machen die beiden Kirchenpatrone Georg und Nikolaus, die Erzengel Michael und Gabriel sowie Christus als Weltenrichter auf dem Thron.

Für die Menschen des Mittelalters muss diese himmlische Stadtbesichtigung atemberaubend gewesen sein – für heutige Besucher ist sie es noch. Sieben Türme, zwölf Tore. 1.000 Details gilt es in der Kirche zu entdecken, Zahlensymbole zu enträtseln. In nur 40 Jahren wurde der Dom gebaut, er vereinigt die Architektur der Romanik und der Gotik in sich – »Übergangsstil« nennen Denkmalschützer so etwas.

Adresse Domplatz, 65549 Limburg an der Lahn, Tel. 06431/92979950, www.dom.bistumlimburg.de | **ÖPNV** vom Bahnhof Limburg zehn Minuten Fußweg | **Anfahrt** A 3, Ausfahrt Limburg-Süd, auf der B 8 Richtung Dom | **Öffnungszeiten** einstündige öffentliche Domführungen (ohne Voranmeldung) Di–Fr 11 und 15 Uhr, Sa 11 Uhr, So 12 Uhr | **Tipp** Eine komplette Altstadt unter Denkmalschutz: Die Limburger Fachwerkhäuser zwischen Dom, Grabenstraße und Lahnbrücke sollte man sich genauer ansehen und durch die vielen kleinen Geschäfte bummeln.

69_Das Skandalhaus

Reichtum im Himmelreich

Sechs Jahre war der Limburger Bischof Franz-Peter Tebartz-van Elst im Amt, bevor Papst Franziskus 2014 seinen Rücktritt annahm, Seine Exzellenz nach Rom entschwand und der katholischen Kirche einen Scherbenhaufen hinterließ. Grund dafür war nicht zuletzt der Wohnsitz, den sich der Würdenträger direkt neben dem Dom hatte errichten lassen und dessen Baukosten von geplanten fünf auf über 30 Millionen Euro gestiegen waren. Vom »Protz-Bau« und von der Verschwendungssucht des uneinsichtigen Bischofs war die Rede. Ein himmlischer Ort wie der Dom nebenan wurde das schicke Bischofshaus nicht. Im Gegenteil, der Imageschaden für die Kirche war enorm.

Doch was tun mit der teuren Skandal-Immobilie? Es war ein folgerichtiger Schritt, dass das Bischofshaus ins Limburger Diözesanmuseum integriert wurde. Denn mit Publikumsinteresse war zu rechnen – auch bei denen, die nicht unbedingt wegen des byzantinischen Kreuzreliquiars oder des 1.000-jährigen Petrusstabs in die Staurothek kommen würden, für die ein Blick in die bischöflichen Luxusgemächer aber durchaus attraktiv ist.

Was sieht man? Keine goldenen Wasserhähne und keine diamantbesetzten Spiegel! Ohnehin sind nur einige der früheren Privaträume der Öffentlichkeit zugänglich. Dazu gehört die Privatkapelle mit den Glasfenstern von Johannes Schreiter. Oben im Spitzdach ist ein Haken angebracht. Ist das die Aufhängevorrichtung für den Adventskranz, die sich Tebartz nachträglich für 100.000 Euro dort installieren ließ? Der Aufseher nickt und grinst: »Komischer Kerl.«

In der ehemaligen Bibliothek hängt eine Ahnengalerie der Limburger Bischöfe an der Wand. Große und kleine Porträts, in Farbe und Schwarz-Weiß. Tebartz-van Elst fehlt nicht, sein Foto ist mit einer floralen Häkelarbeit verziert. Neben ihm der bescheidene Vorgänger Franz Kamphaus, der während seiner Amtszeit in einer Wohnung im Priesterseminar lebte und kein Bischofspalais wollte.

Adresse Diözesanmuseum und Domschatz Limburg, Staurothek, Domstraße 12, 65549 Limburg an der Lahn, Tel. 06431/295482, www.staurothek.de | ÖPNV vom Bahnhof Limburg zehn Minuten Fußweg | Anfahrt A 3, Ausfahrt Limburg-Süd, auf der B 8 Richtung Dom | Tipp Der ebenfalls unter Tebartz-van Elst neu gestaltete Mariengarten gegenüber dem Bischofshaus bietet mit strenger Geometrie, Gartenhäuschen, Brunnen und Kreuzweg inspirierende Aufenthaltsqualität und ist zu den Öffnungszeiten des Museums zugänglich.

70 Das Kloster Lorsch

Bildung im besten Sinne

Als im Jahr 1991 das Kloster Lorsch als erstes hessisches Denkmal auf die Liste der UNESCO-Weltkulturerbestätten kam, wunderte sich manch einer. Die gewaltigen Dome in Aachen, Speyer oder Trier – klar, dass diese Prachtbauten schon vorher als Menschheitserbe ausgewählt worden waren. Aber Lorsch? Eigentlich gab es hier an der Bergstraße nicht viel zu sehen. In einem verwilderten Stadtpark standen, von einer Mauer umschlossen, die bunte Torhalle und Ruinenteile einer Basilika. Viel mehr als diese Gebäudereste war von dem frühmittelalterlichen Klosterkomplex nicht übrig. Doch diese Relikte gehören zu den bedeutendsten der vorromanischen Baukunst in Deutschland. Bauten aus der Zeit Karls des Großen – also um das Jahr 800 – gibt es sonst kaum noch. Dass die Lorscher Abtei bis ins Hochmittelalter hinein das Zentrum der Macht, Spiritualität und Kultur des Heiligen Römischen Reiches war, wussten Historiker und Archäologen freilich nur zu gut. Das Kloster war ein Wissenszentrum seiner Zeit, die berühmte Bibliothek enthielt einmalige Schätze.

Die Erhebung in den Adelsstand durch die UNESCO nutzte man in Lorsch, um das Erbe angemessen in Szene zu setzen. Viel Grün dominiert die Freifläche zwischen Torhalle und Basilika, aber es ist mehr als die Farbe: Die reliefartige Landschaftsgestaltung zeigt Besuchern heute dank archäologischer Studien die Konturen der einstigen Klosteranlage, wie sie 800 Jahre lang existierte. Verlorenes wurde so sichtbar. Noch mehr erleben kann man im angegliederten Freilichtlabor Lauresham. Das 2014 neu errichtete gläserne Besucherzentrum ist die Schleuse zur Lebenswelt des Mittelalters. Auerochsen am Pflug oder Brot aus dem Kugelbackofen gefällig? In Lauresham können sich Besucher mit Hilfe von Museumspädagogen 1.200 Jahre zurückbeamen, Häuser, Gärten, Felder entdecken, selbst anpacken und am wissenschaftlich rekonstruierten Alltag teilnehmen.

Adresse Nibelungenstraße 32, 64653 Lorsch, Tel. 06251/869200, www.kloster-lorsch.de | **ÖPNV** vom Bahnhof Lorsch zehn Minuten Fußweg | **Anfahrt** A 5 und A 67, dann auf B 3 (Bergstraße), B 47 (Nibelungenstraße) und B 460 (Siegfriedstraße) | **Öffnungszeiten** Klostergelände mit Königshalle, Kirchenfragment und Kräutergarten sowie Kloster Altenmünster ganzjährig und bis zum Einbruch der Dunkelheit täglich frei zugänglich | **Tipp** Im benachbarten Freilichtlabor Lauresham bietet das Museumsteam ein umfangreiches Mitmachprogramm für Interessierte an: Filzen, Färben, Weben, einen spätmittelalterlichen Kochkurs oder Lateinunterricht.

71 Die Elisabethkirche

Kinderführung durch die Kathedrale

»Die Kirchtürme sind 80 Meter hoch«, sagt das Mädchen mit der violetten Mütze und tippt auf die Turmspitzen des Bronzemodells draußen vor der Marburger Elisabethkirche. Die Führung mit der elfjährigen Johanna startet nach dem Sonntagsgottesdienst. Eigentlich ist dieser Rundgang für Kinder gedacht, aber es haben sich viele Erwachsene eingefunden. Auch gut. Johanna nimmt es gelassen. Was sie den Kindern erzählen will, können auch die Großen hören. Sie müssen sich nur darauf einstellen. Wie alt denn die Kirche sei, will eine Frau wissen. Johanna überlegt kurz: »Das weiß ich jetzt nicht so genau«, sagt sie. Ihr kommt es auf andere Dinge an.

Im riesigen Kirchenschiff stoppt die Gruppe vor dem Elisabethaltar. »Dieses mittelalterliche Retabel stammt aus dem Jahr 1513 und zeigt Leben und Tod der Heiligen …«, würde jetzt ein erwachsener Führer beginnen.

Johanna zeigt auf die bemalten Seitenflügel. Ganz links sitzt Elisabeth, erkennbar am goldenen Heiligenschein, am festlich gedeckten Tisch. Vor ihr ein Teller mit Fleisch. »Sie schiebt das Essen weg, weil es vielleicht unfair gehandelt ist«, erläutert Johanna die Szene. Die Legenden um die Königstochter, die ihr Leben den Armen widmete, werden hier aktualisiert. Auf dem Bild daneben: Der Gekreuzigte liegt im Bett von Elisabeth. Was bedeutet das? »Es ist ein Mensch mit einer Hautkrankheit, den Elisabeth gepflegt hat.« Ganz klein im Hintergrund sieht man einen Mann, der mit einer Peitsche auf Elisabeth einschlägt: »Das ist der Beichtvater Konrad«, erklärt Johanna unerschrocken, »der macht das nicht, weil er sauer auf Elisabeth ist, sondern Elisabeth tut gerade Buße.«

Weitere Stationen der Führung: das Grab Elisabeths, geschmückt mit den Figuren, deren Namen Johanna ohne Spickzettel auswendig weiß. Und wie ein Profi knüpft sie an Bekanntes an, etwa bei den Plastiken am steinernen Hochaltar: »Phönix aus der Asche – das kennt man doch aus Harry Potter!«

Adresse Elisabethstraße 3, 35037 Marburg | ÖPNV mit dem Bus bis Haltestelle Elisabethkirche | Anfahrt von Gießen über A 485 und B 3 bis Abfahrt Marburg-Mitte | Öffnungszeiten Führungen in der Küsterstube unter Tel. 06421/65573 oder www.elisabethkirche.de buchbar; Besucherprogramm während der mehrjährigen Innensanierung der Elisabethkirche (bis 2023) eingeschränkt, Dachstuhl-, Orgel- und individuelle Führungen für Gruppen jedoch möglich | Tipp In der Nachbarschaft der Elisabethkirche ist der Neubau der Universitätsbibliothek Marburg entstanden. Das moderne Gebäude im Alten Botanischen Garten hält 3,2 Millionen Medien vor – von mittelalterlichen Handschriften bis hin zu E-Journals.

72 Das Michelchen

Ruhe nicht nur für Pilger

Ganz Marburg war im 13. Jahrhundert eine Großbaustelle: Franziskanerkloster, Pfarrkirche, Fürstensaal und Dominikanerkloster wurden hochgezogen. Von 1235 bis 1283 arbeiteten Steinmetze, Zimmerleute, Maurer und Schmiede an Deutschlands erster gotischer Kathedrale, der Elisabethkirche. Für damalige Verhältnisse irrsinnig schnell entstand sie in nur knapp 50 Jahren vor den Toren der Stadt. Sie machte Marburg zu einem bedeutenden Wallfahrtsort, an dem die wunderwirkende Landgräfin verehrt wurde.

Doch schon vor Fertigstellung der großen Kirche strömten die Pilger zum Grab der heiligen Elisabeth. Manche von ihnen starben nach der kräftezehrenden Reise am Zielort. Ein Pilgerfriedhof außerhalb der Stadtmauern wurde gebraucht. Angelegt wurde dieser nicht weit entfernt von der großen Kirchenbaustelle, nämlich um die kleine gotische St.-Michaels-Kapelle herum. 1270 wurde das Michelchen, wie es in Marburg liebevoll genannt wird, geweiht.

Nicht viele der heutigen Besucher der Elisabethkirche finden den schmalen, steilen Treppensteig auf der Straßenseite gegenüber dem Hauptportal, der zum Michelchen führt. Wer es aber in wenigen Schritten über die Stufen bis unter die grünen Bäume schafft, den umfängt nach lautem Straßenlärm plötzlich erholsame Stille. Bald ist man auf Augenhöhe mit den Türmen der Elisabethkirche. Alte Grabsteine zeigen, dass am Michelchen vom 16. bis ins 19. Jahrhundert hinein auch Marburger Bürger beigesetzt wurden. »Hier schlummert nach langem Leiden die Mutter von noch 3 unerzogenen Kindern«, liest man auf einem der Steine.

Himmlisch geht es im Michelchen für andere zu, denn heutzutage wird die Friedhofskapelle gern für Trauungen genutzt. Heiraten kann man an diesem romantischen Ort mit bis zu 70 Gästen. Solange der Innenraum der Elisabethkirche saniert wird, was die Nutzung für mehrere Jahre stark einschränkt, ist das eine schöne Alternative.

Adresse St.-Michaels-Kapelle, Friedrich-Siebert-Weg 8, 35037 Marburg | **ÖPNV** mit dem Bus bis Haltestelle Elisabethkirche, von dort drei Minuten Fußweg | **Anfahrt** von Gießen über A 485 und B 3 bis Abfahrt Marburg-Mitte | **Öffnungszeiten** Schlüssel in der Küsterstube der Elisabethkirche, Tel. 06421/65573, www.elisabethkirche.de | **Tipp** Hier kommt man dem Himmel näher: Jeden zweiten und dritten Samstag im Monat um elf Uhr werden Führungen auf den historischen Dachstuhl der Elisabethkirche angeboten.

73 Die Pfarrkirche

Der schiefe Turm von Marburg

Auf halber Höhe zwischen Lahn und Schloss ragt in Marburg ein Kirchturm in den Himmel. Besonderes Kennzeichen: Er ist schief, seine Spitze hat einen deutlichen Knick. Zwar ist er nicht so schief wie der langjährige Weltrekordhalter im ostfriesischen Suurhusen, der mit seiner Neigung von 5,19 Grad sogar den Schiefen Turm von Pisa übertrifft, aber eben doch alles andere als gerade. Der Turm gehört zur 800 Jahre alten Lutherischen Pfarrkirche St. Marien. Deren Gemeindepfarrer ist auf den weithin sichtbaren Makel stolz: »Unser Turm zeigt, dass wir immer wieder neu aufbrechen, uns bewegen und pfiffig sind.«

Es war aber weniger das Verdienst der Gemeinde, sondern vielmehr sorgten Sonne, Wind und Wetter dafür, dass sich das Holz im über 500 Jahre alten Turm verzog und die Turmspitze im Laufe der Zeit so langsam in Schieflage brachte. Damit die Sache nicht kippt, wurde das marode Dach 2021 saniert, sodass die Konstruktion nun wieder mindestens 100 Jahre halten soll. Der schiefe Turm blieb natürlich auch nach der Renovierung schief.

In Marburg kursieren mehrere Geschichten, die erklären, warum der Turm schief ist. Zum einen behaupten Bauexperten, dass der Turmhelm ganz bewusst so gebaut worden sei, damit die Holzkonstruktion sich gegen den Wind stemmt und der Turm nicht heruntergeweht wird. Gern erzählt wird auch die Geschichte von dem Turmbaumeister, der sich nach dem Misslingen seiner Arbeit eines Nachts im schiefen Turm erhängt haben soll.

Und dann gibt es noch diese unausrottbare Story, die gern bei Führungen durch die Oberstadt kolportiert wird: Der Turm werde erst dann wieder gerade, wenn die erste Medizinstudentin als Jungfrau die Universitätsstadt verlässt. Doch kann das schon aus dem Grund nicht stimmen, dass Frauen erst seit 1908 in Marburg studieren dürfen, der Turm mit dem Knick aber bereits auf viel älteren Abbildungen zu sehen ist.

Adresse Lutherischer Kirchhof 1, 35037 Marburg, Tel. 06421/3400696, https://pfarrkirche.ekmr.de | **Anfahrt** von Gießen über A 485 und B 3 bis Abfahrt Marburg-Mitte, vom Parkhaus Oberstadt am Pilgrimstein zehn Minuten Fußweg | **Öffnungszeiten** tagsüber jederzeit zugänglich | **Tipp** Ohne einen Besuch im traditionsreichen Café Vetter sollte man Marburgs Oberstadt nicht verlassen. Himmlischen Genuss versprechen die Torten aus der hauseigenen Konditorei, dazu gibt es eine Tasse Kaffee auf der Terrasse (www.cafe-vetter-marburg.de).

74 Das Kloster Germerode

Grüße aus dem Kloster

Es gab eine Zeit, da wollten die Protestanten nichts wie raus aus den Klöstern. Man denke nur an Martin Luther, der erkannte, dass der Mensch allein durch den Glauben an Christus gerettet wird, nicht durch das Klosterleben. Der Mönch verließ sein Kloster aber erst, als er Katharina von Bora kennenlernte, die mit anderen Nonnen aus einem Zisterzienserinnenkloster geflohen war. Nach seiner Heirat mit der entlaufenen Ordensfrau betrachtete Luther Klöster als überflüssig und empfahl: »Lasst Kloster und Kutten liegen und werdet wieder Christen.«

Das taten in der Reformationszeit viele, mittlerweile aber hat sich der Blick auf die Klöster auch bei den Evangelischen gewandelt: »Das Kloster Germerode ist ein guter Ort, um innezuhalten, Kraft zu schöpfen und Orientierung zu finden«, heißt es auf der Website der Einrichtung, die heute der Evangelischen Kirche von Kurhessen-Waldeck als Zentrum für Spiritualität und geistliches Leben dient. Den zahlreichen Besuchern wird ein klösterliches Programmangebot versprochen: »In Einkehrzeiten, Meditationskursen, Exerzitien und gregorianischen Gesängen und beim Pilgern bekommen Sie Anleitungen und Hilfestellungen für eine leibbezogene Spiritualität, die wir in Gemeinschaft üben und vertiefen.«

In dem romanischen Bau aus dem 12. Jahrhundert, am Fuß des Hohen Meißners gelegen, beten, singen und arbeiten die Gläubigen so, wie es einst die Mönche und Nonnen im Kloster taten. Heute allerdings meist nur für ein Wochenende – das ist der große Unterschied. Danach besteigen sie ihre Autos und fahren wieder nach Hause.

Eine Zeit lang gab es in Germerode auch eine evangelische Kommunität, die den Klosterrhythmus wiederbeleben wollte. Doch das war keine Dauerlösung, der schöne Neubau auf dem Gelände steht leer. Von Bestand war hingegen die Umwandlung der Klosterkirche in die evangelische Pfarrkirche von Germerode.

Adresse Klosterfreiheit 34, 37290 Meißner-Germerode, Tel. 05657/423, www.kloster-germerode.de | **ÖPNV** Bus 222, 290, Haltestelle Neuer Weg | **Anfahrt** A 44, Ausfahrt Hessisch Lichtenau-Ost, dann auf B 7 und L 3334 bis Germerode | **Tipp** Von Ende Juni bis Anfang Juli verwandelt sich Germerode in das Mohndorf mit rot blühenden Klatschmohnfeldern: Der Mohnweg führt am Kloster vorbei (www.mohnbluetefrauholle.land).

75_Der Marktbrunnen

Mit Flammenschwert und Seelenwaage

Als das Briefporto noch 60 Pfennig kostete, bildete die Deutsche Bundespost auf der entsprechenden Marke das Rathaus Michelstadt ab. Das war 1984, als das historische Gebäude gerade 500 Jahre alt geworden war. Ob die Briefmarke den Bekanntheitsgrad der hessischen Fachwerk-Ikone noch steigern konnte? Schwer zu sagen, denn berühmt war das Rathaus mit den pittoresken Türmchen und der offenen Markthalle im Erdgeschoss schon vorher.

Im Grunde ist die ganze Altstadt des Odenwald-Ortes ein Museum. Doch am Marktplatz kulminieren die Highlights: das Rathaus, der Löwenhof, die Stadtkirche und der Marktbrunnen mit dem Erzengel Michael. Der Brunnen wurde 1575 von Graf Georg II. zu Erbach gestiftet. Auf einer Säule steht die Figur des himmlischen Boten mit einer Waage in der einen und einem Schwert in der anderen Hand. Ist also der heilige Michael der Namensgeber der Stadt? So einfach sei das nicht, warnen Michelstädter Stadtführer. Das althochdeutsche »michlinstat« kommt von dem Wort »michel« und bedeutet »groß« – eine kleine Großstadt also ist Michelstadt. Der aus Sandstein gehauene Schutzpatron wacht mit einer Seelenwaage, mit der er Gut und Böse abwägt, und mit einem Flammenschwert über die Stadt. Das hat Tradition: In der christlichen Ikonografie kämpft der Erzengel Michael gegen den Satan und bewacht den Eingang zum Paradies.

Heutzutage ist Michael besonders während des Weihnachtsmarktes gefordert, wenn sich Tausende Besucher durch die engen Altstadtgassen drängen und die Buden auf dem Marktplatz stürmen. Er muss dann mit den lebensgroßen Holzfiguren konkurrieren, die auf dem gesamten Marktplatz verteilt sind und als Wegweiser dienen. Aber nicht nur Weihnachten stellt den Erzengel vor wichtige Aufgaben: Zu Ostern wird der Marktbrunnen bunt geschmückt, und der heilige Michael ist dann mit dem historischen Rathaus im Hintergrund ein beliebtes Fotomotiv.

Adresse Marktplatz 1, 64720 Michelstadt, Tel. 06061/74610, www.michelstadt.de | **ÖPNV** vom Bahnhof Michelstadt zehn Minuten Fußweg | **Anfahrt** über B 45 in die Altstadt von Michelstadt | **Tipp** Ganz in der Nähe des Rathauses steht die Evangelische Stadtkirche aus dem Jahr 1461. Ebenfalls in der Nachbarschaft des Michelstädter Marktplatzes laden das Elfenbeinmuseum und das Zen Haus zur spirituellen Erfahrungssuche ein.

76 Das Kloster Haydau

Himmlisch gebettet in alten Mauern

Wer mit dem Auto auf der B 83 zwischen Melsungen und Rotenburg/Fulda unterwegs ist, kommt direkt daran vorbei, und auch der Hessische Radfernweg R3 läuft im kleinen Ort Morschen auf das Kloster Haydau zu. Was ins Auge sticht, ist aber zunächst einmal der unansehnliche Turm des Kraftfutterwerks, ein Betonkoloss aus dem Jahr 1957, der als dominantes Wegzeichen an der Straße steht.

Auf dem Gelände dahinter geht es dann feiner zu: Haydau ist das in seinem Bestand am besten erhaltene Zisterzienserinnenkloster Hessens. Das denkmalgeschützte Anwesen im barocken Obstgarten mit Kirche, Wirtschaftsgebäuden und Herrenhaus wurde grundlegend restauriert und zu einem Ort für Kultur und Kommunikation umgestaltet. Dazu kam dann ein Hotelbau der Moderne. Eine gelungene Symbiose aus Vergangenheit und Zukunft: Das lang gestreckte, schlicht-schöne Gebäude setzt architektonisch einen interessanten Kontrapunkt zu seiner mittelalterlichen Umgebung.

Von den hochbequemen Hotelbetten konnten die Nonnen, die hier vor 800 Jahren lebten, nur träumen. Himmlisch gebettet – für die Ordensfrauen bedeutete das meist ein Strohlager. Heute promenieren Tagungsgäste, Hochzeitsgesellschaften und Fahrradtouristen zwischen den Bäumen im Park und sitzen abends bei einem Drink in der stylishen Hotelbar. In der sanierten Anlage steckt viel Geld, das die Melsunger Unternehmerfamilie Braun zwischen 2009 und 2013 hier investierte. In sechs Generationen entwickelte sich die Medizinbedarfsfirma B. Braun zu einem globalen Konzern, der auf allen Kontinenten vertreten ist, darüber aber die nordhessische Heimat nicht vergaß. 37 Millionen Euro des Sponsors flossen in die Klosteranlage und noch einmal zwei Millionen in den neu gestalteten Küchengarten. Aus den alten Mauern, die im Laufe der Jahrhunderte schon so vielen unterschiedlichen Zwecken dienten, wurde so ein zeitgemäßer himmlischer Ort.

Adresse In der Haydau 2, 34326 Morschen, www.hotel-kloster-haydau.de; Förderverein Kloster Haydau: www.klosterhaydau.de | ÖPNV wenige Gehminuten vom Bahnhof Altmorschen | Anfahrt A 7, Ausfahrt Malsfeld, auf der B 83 nach Morschen | Tipp Der sechs Kilometer lange Haydauer Pilgerweg führt rund um Altmorschen. An jeder der 17 Stationen gibt es passend zur Wegmarke einen spirituellen Impuls (www.haydauerpilgerweg.wordpress.com).

77 Die Burg Frankenstein

Horror unter blauem Himmel

Das soll ein himmlischer Ort sein? Nicht nur das ruinöse Gebäude, auch der Ruf von Burg Frankenstein lässt an das Gegenteil denken – mit dem Namen verbinden sich Grusel und Horror. Die Halloween-Partys auf der Burg werden seit über 40 Jahren gefeiert. Es waren in Hessen stationierte US-amerikanische Soldaten, die diese Tradition etablierten. Im Internet dazu ein unzweideutiges Versprechen: »Die über 1.000 Jahre alten Gemäuer werden zu einem Ort, an dem das Böse und Dunkle Besitz von dir ergreift.«

Damit nicht genug. Viktor Frankenstein ist der Name jenes unseligen Wissenschaftlers, der aus Leichenteilen ein Monster erschafft, das seinem Labor entkommt und menschenmordend durch die Welt zieht. Eine literarische Erfindung zwar, aber der weltbekannte Roman »Frankenstein oder der moderne Prometheus«, den die Engländerin Mary Shelley 1818 schrieb, hat tatsächlich seinen Ursprung in Hessen. Bei einem Rheinbesuch soll sie von Johann Konrad Dippel gehört haben, der 1673 auf der Burg geboren wurde, zunächst ein frommes Leben führte, sich dann aber der Alchemie zuwandte. Ihm wurde nachgesagt, er habe Leichen aus Gräbern geraubt, um mittels geheimer Künste einen neuen Menschen zu erschaffen. Alles abstruse Gerüchte, aber bestens geeignet, um die Phantasie der Autorin zu beflügeln.

Es ist Zeit für die Rehabilitation dieses Ortes, der heute ein lohnendes Ausflugsziel ist. Von unten sieht man in 400 Metern Höhe spitze Türme und dicke Mauern. Vom Parkplatz aus ist das Panorama-Restaurant mit Aussichtsterrasse bequem zu erreichen. Sehr beliebt bei Hochzeitsgesellschaften ist das Standesamt in der Burgkapelle. Vom Plateau des Burgturms aus geht der Blick weit über die Rheinebene, nimmt das wenige Kilometer entfernte Darmstadt ins Visier und ruht auf den Ausläufern des Odenwalds. Eine wunderbare Landschaft, darüber der blaue Himmel. Burg Frankenstein ist eben doch ein himmlischer Ort.

Adresse 64367 Mühltal; Restaurant: Tel. 06151/501501, www.frankenstein-restaurant.de, www.frankenstein-halloween.de | ÖPNV Trams 6, 8 nach Malchen, den Berg hoch bis zum Wald, über die Himmelsleiter mit 256 Treppenstufen zur Burg | Anfahrt A 5, Ausfahrt Darmstadt-Eberstadt, dann über B 426 bis Herrenweg, Mühltal; Achtung: im Navi »Darmstadt, Josephweg« eingeben | Öffnungszeiten Burgruine täglich von 11 Uhr bis Sonnenuntergang frei zugänglich | Tipp Probieren Sie es aus: Manche Besucher steigen wegen der besonderen Energien auf den Burgberg, der aus Gabbro-Gestein besteht, das laut Experten messbare und auch spürbare magnetische Kräfte aufweist.

78__Der Christenberg

In konzentrischen Kreisen zum eigenen Ich

Der Christenberg bei Münchhausen mit dem Waldgasthaus ist ein beliebtes Ausflugsziel. Eine Kaffeepause auf der Terrasse erlaubt einen weiten Blick über Lahntal, Burg- und Kellerwald. Aber der fast 400 Meter hohe Hügel ist auch ein uralter spiritueller Ort. Seit dem 11. Jahrhundert steht auf dem Platz einer ehemaligen keltischen Siedlung die Martinskirche. Das gut erhaltene Gebäude trotzt Wind und Wetter. Zu dem romanischen Langschiff kam um 1520 ein spätgotischer Chor, der Wehrturm mit den vier Wachhäuschen und der spitze Dachreiter bilden eine charakteristische Silhouette.

Alte Gräber unter großen Bäumen umgeben die Kirche, sorgen für einen Hauch von Ewigkeit. Ebenfalls aus einer anderen Zeit zu stammen scheint das kreisrunde Labyrinth hinter der Friedhofsmauer – es ist jedoch relativ neu, der Ortspfarrer hat es mit Helfern vor wenigen Jahren auf der Wiese angelegt. Nach dem Muster des Fußbodenlabyrinths der Kathedrale von Chartres markieren Steine auf dem Boden verschlungene Wege, die in konzentrischen Kreisen zum Zentrum führen.

Man kann es ausprobieren – zum Glück muss man nicht, wie für mittelalterliche Büßer üblich, auf Knien rutschend dem Muster folgen, sondern geht Schritt für Schritt über den Kies und versucht, nicht in einer Sackgasse zu enden. Für dieses Labyrinth braucht man auch kein Wollknäuel wie einst der griechische König Theseus, der ohne den roten Faden der Ariadne nicht mehr aus dem Irrgarten herausgefunden hätte …

Ein gelber Zettel, der in einer Box neben dem Startpunkt ausliegt, erklärt den Sinn dieser Übung – es geht um das Nachdenken über den eigenen Lebensweg, quasi eine Wallfahrt zum eigenen Ich: »Die Kehren laden dazu ein, sich an die erlebten Wendemarken des eigenen Lebens zu erinnern; die großen Schleifen fordern dazu auf, den Sinn von Umwegen zu bedenken, und dienen als Einübung in Geduld; die Mitte gibt Gelegenheit zu Gebet oder Meditation.«

Adresse Martinskirche Christenberg, Christenberg 2, 35117 Münchhausen, www.foerderkreis-christenberg.de | **Anfahrt** von der Ortsdurchfahrt Münchhausen (B 252) circa drei Kilometer auf den Christenberg; auch per Wanderweg zu erreichen | **Tipp** Im Alten Küsterhaus ist eine Ausstellung zur Geschichte der Kelten und Franken zu sehen. Die Schlüssel für Kirche und Küsterhaus bekommt man im Waldgasthaus (Tel. 06457/368, www.waldgasthaus-christenberg.de, Mo und Di Ruhetag).

79 Die Quellkirche

Schön fürs Auge

Das Wasser in Schöllenbach muss eine ganz besondere Qualität besessen haben. Es half denen, die es tranken, bei Augenleiden und war auch gut gegen Kinderlosigkeit, heißt es. Im 15. Jahrhundert pilgerten wegen dieser Wunderquelle viele in den kleinen Ort, der heute nahe dem Dreiländereck Bayern, Hessen und Baden-Württemberg liegt. Die Quelle, die einst im Altarraum der Kirche sprudelte, tritt unter der Kirchhofmauer aus und speist ein Becken, das die Schöllenbacher Hausfrauen vor Erfindung der Waschmaschine zum Reinigen ihrer Wäsche nutzten. Dann ergießt sich das Bächlein in den vorbeifließenden Euterbach – und Brillenträger merken, dass sie trotz Kontakt mit dem Wasser auf ihre Sehhilfe nicht verzichten können.

Schön fürs Auge ist es aber trotzdem, was Besucher hier im südlichen Odenwald vorfinden: ein idyllisches Kirchlein aus Bruchstein, zu dem der Weg durch ein kreuzgekröntes Portal führt. Die Kirche zu Schöllenbach wurde 1465 unter dem Erbacher Schenk Philipp IV. fertiggestellt. Nicht zuletzt aufgrund der Quelle entwickelte sie sich zu einer beliebten Marienwallfahrtsstätte, die vor allem von Gläubigen besucht wurde, die auf dem Weg von Mainz nach Walldürn an ihr vorbeikamen. Es war eine recht große dreischiffige Kirche – mit der erwähnten Besonderheit, dass man vom Altarraum zu der Quelle hinabsteigen konnte, der Heilkräfte nachgesagt wurden.

Wie überall hatte die Reformation keinen guten Einfluss auf das Wallfahrtswesen im Odenwald. Die einstmals dreischiffige Kirche verfiel, sodass das Langhaus im 18. Jahrhundert abgetragen werden musste. Nur das Portal, das den jetzigen Eingang zum Kirchhof bildet, blieb erhalten. Aus dem Chorraum wurde eine Kapelle für die evangelische Gemeinde. Die Quelle, die der heiligen Ottilie geweiht war, plätscherte zwar munter weiter, aber das Heilwasser diente nun profaneren Zwecken, nämlich dem Durstlöschen und dem Waschen.

Adresse Hesselbacher Weg 2, 64760 Oberzent-Schöllenbach | ÖPNV Busse 52, 56, Haltestelle Oberzent-Schöllenbach Rathaus | Anfahrt A 5, Ausfahrt Heppenheim, über B 460, B 45 und L 3108 bis Schöllenbach | Tipp Ein einstündiger Fußweg führt von der Quellkirche Schöllenbach zum Dreiländereck Bayern, Hessen und Baden-Württemberg, das ein Grenzstein markiert.

80__Der Wetterpark

Profi-Blick in den Himmel

Das Wetter kommt aus Offenbach. Denn hier hat der Deutsche Wetterdienst seinen Sitz – eine Bundesbehörde, die Wettervorhersagen macht, vor Unwettern warnt und den Klimawandel beobachtet. Für den professionellen Blick in den Himmel sind Meteorologen zuständig, aber auch jeder Laie kann Wetterphänomene verstehen. Und darüber reden tun bekanntlich alle gern. Nachhilfe in Sachen Wetterkunde vermittelt auf unterhaltsame Art der Wetterpark in Offenbach. Auf dem öffentlich zugänglichen Gelände dreht sich thematisch alles um Wind und Wolken, Regen und Schnee, Sturm und Gewitter.

Die 16 Exponate, die am Lehr- und Erlebnispfad stehen, lassen sich anfassen oder erklettern. Wetterphänomene werden so sinnlich erfahrbar gemacht und zum großen Teil allgemein verständlich, aber wissenschaftlich korrekt erklärt, zumindest bemühen sich die Profi-Wetterfrösche um diesen Spagat. An den verschiedenen Stationen geht es um das komplexe Zusammenspiel von Sonne, Luft und Wasser. Führungen werden angeboten, Hobbymeteorologen können aber auch allein für mehr Durchblick sorgen. Zum Beispiel auf dem 13 Meter hohen Aussichtsturm mit Blick in den weiten Himmel über Frankfurt und den Taunus. Warum sieht man nicht an allen Tagen das Gleiche? Antwort: Gute Fernsicht setzt Licht und klare Luft voraus, Wolken, Nebel oder Schwebepartikel trüben die Luft und damit die Sicht. Am weitesten könne man daher nach Kaltlufteinbrüchen oder bei Föhnlagen schauen, informiert eine Tafel. Ach so.

Im Besucherzentrum, das aussieht wie eine Wetterschutzhütte in den Bergen, können kleine und große Besucher noch mehr über Wetter und Klima erfahren und zum Beispiel an einem Simulationsgerät selbst einen Tornado erzeugen. Der 2005 eröffnete und 20.000 Quadratmeter große Wetterpark ist ein Gemeinschaftsprojekt der Stadt Offenbach, des Deutschen Wetterdienstes sowie des Regionalparks Rhein-Main.

Adresse Am Wetterpark 15, 63071 Offenbach | **ÖPNV** Bus 101, 108, Haltestelle Buchhügel Offenbach-Post, 15 Minuten Fußweg | **Anfahrt** A 66, Ausfahrt Offenbach-Taunusring, über B 43 bis Buchhügelallee | **Öffnungszeiten** Besucherzentrum Do, Fr 10–16 Uhr, Sa, So 12–18 Uhr; Terminkalender und Infos unter Tel. 069/83836896 oder www.wetterpark-offenbach.de | **Tipp** Der Wetterpark liegt im riesigen Regionalpark Rhein-Main mit Routen von insgesamt 550 Kilometern zum Wandern und Radfahren – ein schönes Landschaftserlebnis (www.regionalpark-rheinmain.de).

81 Das Baumkreuz

Neues Leben am Todesstreifen

In Rittmannshausen war früher die Welt zu Ende. Bis zum 18. November 1989 trennte ein unüberwindbarer Zaun aus Metall und Beton den hessischen Ort vom benachbarten thüringischen Ifta. Die innerdeutsche Grenze durchschnitt Wiesen, Felder, Wälder, Straßen und Dörfer. Ein undurchlässiger Todesstreifen, bis die Grenzöffnung dem Landstrich wieder Leben einhauchte und Menschen und Natur zusammenwachsen ließ.

Die Wiedervereinigung wollte eine Kunstaktion befördern, die bereits 1990 startete und noch immer andauert. Angeregt vom documenta-Künstler Joseph Beuys, der 1982 in Kassel sein spektakuläres Projekt »7000 Eichen – Stadtverwaldung statt Stadtverwaltung« begann, fuhren Beuys-Schüler im »Omnibus für direkte Demokratie« ins Grenzgebiet, um Bäume zu pflanzen. Ihre Idee: Entlang der B 7 von Kassel nach Eisenach sollten Bäume die 80 Kilometer lange Strecke von West nach Ost säumen. Im Gespräch mit Thüringer Umweltschützern aber änderte sich der Plan: Eine zweite Baumallee entlang des ehemaligen Grenzzauns sollte die West-Ost-Verbindung kreuzen. Das Baumkreuz war geboren – eine soziale Plastik im Beuys'schen Sinne, die Symbol ist für den Willen, Grenzen zu überwinden, vor allem Grenzen des Denkens, wie die Initiatoren betonen.

Was aus der Idee im Laufe der Jahrzehnte wurde, können Besucher zwischen Rittmannshausen und Ifta sehen, wo ein Stück des DDR-Grenzzauns stehen geblieben ist. Hier wurden die ersten 140 Bäume gepflanzt, 40 Linden an der B 7 und 100 Eschen, deren herbstlich bunte Blätter den rostenden Zaun und die Betonpfosten überragen. Jedes Jahr im November treffen sich Unterstützer aus ganz Deutschland, um die Aktion mit neuen Setzlingen am Leben zu erhalten. Die Chronik des Baumkreuzes weist über 1.000 Pflanzungen aus. Westwärts bis nach Kassel reicht die Allee allerdings nicht, da Bäume an Bundesstraßen nicht mehr sein dürfen.

Adresse Parkplatz an der B 7 zwischen 37296 Ringgau-Rittmannshausen und 99830 Ifta, www.baumkreuz.de; Beginn des Wanderpfads entlang der Baumreihen und des Grenzzauns neben der Infotafel | **Anfahrt** von Kassel oder Eisenach über die B 7 | **Tipp** Damit ist man auf dem 14 Kilometer langen Premiumweg P21 Point India, der das hessische Ringgau-Lüderbach mit dem thüringischen Ifta verbindet und am Aussichtsturm auf dem Sohlberg vorbeiführt – ein Relikt des ehemaligen US-Militärstützpunkts Point India.

82 Das Rotenburger Schloss

Drei Hoden dürfen mehr als zwei

Nach 16 Ehejahren und sieben gemeinsamen Kindern war der hessische Landgraf Philipp I. seine Gattin Christine leid: Hässlich sei sie, unfreundlich und übel riechend dazu, beschwerte er sich. Natürlich hätte er es machen können wie die meisten anderen Fürsten seiner Zeit – nämlich ein außereheliches Verhältnis eingehen. Doch das ließ sein protestantisches Gewissen offenbar nicht zu. Eine bereits früher eingefangene Syphilis deutete er als Strafe Gottes für solche Eskapaden. Scheidungen durften nicht sein, und so beschloss der Landgraf, die auserwählte 17-jährige Margarethe von der Saale mit kirchlichem Segen zu heiraten.

1539 ließ er bei Luther anfragen, ob dieser nicht eine offizielle Zustimmung zur Doppelehe geben könne, denn schließlich habe Gott auch den Patriarchen im Alten Testament mehr als eine Ehefrau gegönnt. Noch ein anderes Argument tauchte auf: Laut Überlieferung soll Philipp drei Hoden gehabt haben, womit er auch seinen starken Sexualtrieb begründete.

Ein so ausgestatteter Mann sei mit nur einer Frau eben nicht ausgelastet. Dieser Ansicht schloss sich auch der Reformator an und genehmigte die Zweitehe, obwohl er wusste, dass das keine gute Idee war. Grundsätzlich sei die Ehe mit mehreren Frauen einem Christen nicht erlaubt, befand Luther. Aber da er Philipp im protestantischen Lager halten wollte, erteilte er eine Ausnahmegenehmigung. Die Sache müsse aber geheim bleiben, beschwor er den Hessen in einem Brief, nachdem die Hochzeit mit Margarethe 1540 in der Schlosskirche von Rotenburg an der Fulda bereits stattgefunden hatte.

Natürlich blieb nichts geheim, und Philipp wurde wegen Bigamie mit der Todesstrafe bedroht. Politisch geschwächt überstand der Landgraf die peinliche Geschichte – und Luther hatte ein massives Glaubwürdigkeitsproblem. Für Philipp aber wurde der Rotenburger Sommersitz mit der jungen Gattin zum Himmel auf Erden.

Adresse Obertor 7, 36199 Rotenburg an der Fulda; Kontakt über Tourist-Info unter Tel. 06623/5555 oder www.rotenburg.de | ÖPNV vom Bahnhof Rotenburg/Fulda zehn Minuten Fußweg | Anfahrt A5, Ausfahrt Homberg (Efze), über L3465 und L3253 auf die B83 bis Rotenburg/Fulda | Öffnungszeiten nur von außen zu besichtigen, Schloss heute Sitz der Landesfinanzschule Hessen | Tipp Der bundesweit erste Schaukelwald im Schlosspark bezaubert mit seiner einzigartigen Lage unter uralten Bäumen. Insgesamt acht Schaukeln bieten viele Möglichkeiten, Füße und Seele baumeln zu lassen.

83 Die Abtei St. Hildegard

Nonnen, die Wein verkaufen

Hildegard von Bingen war eine Frau mit Visionen. Schon als Kind hatte sie seltsame Lichterscheinungen und sah Dinge, die andere nicht sahen. Mitunter war es der mittelalterlichen Klosterfrau selbst unheimlich, wenn sie »eine Stimme vom Himmel« vernahm, die zu ihr sprach – aber es kam vor, und sie erfuhr dabei von göttlichen Geheimnissen.

Die Benediktinerinnenabtei St. Hildegard, ein prachtvolles Jahrhundertwende-Kloster, oberhalb von Rüdesheim in den Weinbergen gelegen, beruft sich auf diese christliche Mystikerin. Und zwar nicht nur auf das geistliche Erbe, das die erst 2012 Heiliggesprochene hinterlassen hat, sondern auch auf ihr bahnbrechendes Wirken als Natur- und Heilkundlerin. Denn in ihren Schriften findet man erstaunliches Wissen über Pflanzen und Krankheiten, das sie zu der ganzheitlichen Erkenntnis brachte: Gesundheit bedeutet, Leib, Seele und Sinne zusammenzuhalten.

Nichts anderes praktizieren auch die 47 Nonnen, die hinter der Klosterpforte ein gemeinschaftliches Leben führen und viele Besucher willkommen heißen: im Klosterladen mit Vinothek, im Klostercafé, in den Kunstwerkstätten, in der Akademie und natürlich in der Kirche, wo sie im schwarzen Habit sieben Mal am Tag zum Chorgebet zusammenkommen. Auch überall sonst sind Ordensfrauen präsent und ansprechbar – zum Beispiel als Beraterinnen beim Weinkauf. Winzerschwester Thekla weiß, welche Flaschen vom Rüdesheimer Klosterberg sie guten Gewissens empfehlen kann, denn sie kümmert sich persönlich um den Anbau. Ihr Lieblingsprodukt ist übrigens der »Spätburgunder KlosterSecco Qualitätsperlwein«. Die Abtei ist das einzige Klosterweingut, in dem Ordensfrauen aktiv mitarbeiten – getreu dem Motto, das auf einem Schild im Laden steht: »Wein ist der Beweis, dass Gott uns liebt.« Ein Spruch, der übrigens nicht von Hildegard stammt, aber den himmlischen Ort treffend beschreibt.

Adresse Abtei St. Hildegard 1, 65385 Rüdesheim am Rhein, Tel. 06722/4990, www.abtei-st-hildegard.de | **ÖPNV** Bus 187, Haltestelle Abtei St. Hildegard, fünf Minuten Fußweg | **Anfahrt** A 66 Richtung Wiesbaden, dann B 42, Abfahrt Rüdesheim, am Ortseingang der Beschilderung folgen | **Öffnungszeiten** Kloster und Vinothek: Mo–Sa 10–17 Uhr, So 12–17 Uhr | **Tipp** Wanderer kommen über den Rüdesheimer Hildegard-Weg zu Fuß durch die Weinberge zum Kloster. Auf knapp sieben Kilometern führt der Rundwanderweg vorbei an Wirkungsorten der heiligen Hildegard (www.rheingau.de/wanderwege/hildegardweg).

84 Die große Linde

Unter Gottes freiem Himmel

»Under der linden an der heide, dâ unser zweier bette was, dâ muget ir vinden schône beide gebrochen bluomen unde gras. Vor dem walde in einem tal, tandaradei, schône sanc diu nahtegal.« Als der Minnesänger Walther von der Vogelweide um das Jahr 1200 diese mittelhochdeutschen Zeilen dichtete, war die Linde von Schenklengsfeld schon 400 Jahre alt. Auf dem ehemaligen Marktplatz der Gemeinde Schenklengsfeld wächst sie heute noch weiter – die wohl älteste Linde Deutschlands, 1.200 Jahre soll ihr Alter betragen.

Auch die Ausmaße dieses Baumes sind beträchtlich: Die Umfassungsmauer, innerhalb der ein hölzernes Stützgerüst die betagten Stämme auffängt, hat einen Durchmesser von 20 Metern. Unter dem grünen Blätterdach ist über die Jahrhunderte viel passiert. Nicht nur Liebespaare vergnügten sich dort. Es wurde gezecht und getanzt, geredet und gestritten. Ein Treffpunkt für Menschen, mit vielen Nutzungen. Heute bietet das Standesamt auch Trauungen unter der Linde an.

Früher schirmten die ausladenden Äste öffentliche Verhandlungen ab – eine »Gerichtslaube, umhegt und gegen das Wetter geschützt und doch nach uraltem germanischem Brauch ein Gericht unter Gottes freiem Himmel«, schwärmt ein Zitat von 1942 auf einer Infotafel. Und weiter: 1848 rotteten sich an der Linde Revolutionäre zusammen, um sich gegen die Obrigkeit aufzulehnen. Ihre Wut richtete sich auch gegen die Juden. Man drohte, ihre Häuser niederzubrennen. Ruhe kehrte erst ein, als der Pfarrer sich mit einer »kräftigen Rede« gegen die Aufständischen stellte und später Soldaten aufkreuzten.

Eigentlich – und das ist das Kuriose – besteht der Baum aus vier Stämmen. Möglicherweise wurden die Wurzeln eines einzigen Baumes genommen und im Zuge der Christianisierung im 8./9. Jahrhundert in Kreuzform ausgerichtet. Genetisch, das hat ein Gutachten der Uni Göttingen ergeben, ist es aber eine einzige Linde.

Adresse An der Linde, 36277 Schenklengsfeld (unweit der Hauptstraße), www.schenklengsfeld.de | **Anfahrt** am Kirchheimer Dreieck von der A 7 auf die A 4, Ausfahrt Bad Hersfeld, B 62 und L 3171 bis Schenklengsfeld | **Öffnungszeiten** jederzeit frei zugänglich | **Tipp** Vor dem Gasthof Zur Linde sitzt man bei einem kühlen Getränk im Außenbereich und schaut auf den Lindenbaum (www.gasthof-zurlinde.de). Im jährlichen Wechsel finden das »Lindenblütenfest« und der »Abend unter der Linde« statt.

85 Die Kirchenmusikerschule

Harry Potter und die Magie der Musik

Die Mauern des mittelalterlichen Klosters von Schlüchtern atmen ein wenig den Geist von Harry Potter – graue Steine, geheimnisvolle Gänge, Türme, in denen auch Eulen wohnen könnten, Fledermäuse tun es nachweislich. Im schottischen Hogwarts, das wissen die Leser der sieben Potter-Bände, werden begabte junge Zauberschüler ausgebildet. Und im hessischen Schlüchtern? Hier ist die Kirchenmusikakademie zu Hause, die sich die historischen Klosterräume mit dem Ulrich-von-Hutten-Gymnasium teilt.

In beiden Bildungseinrichtungen geht es natürlich nicht um okkulte Fähigkeiten, sondern um ganz handfeste Lernziele, die junge Menschen erreichen sollen: Die einen sollen das Abitur bestehen, die anderen die C-Prüfung. Das ist ein kirchlich anerkannter Qualitätsstandard, der mit der Magie von Musik zu tun hat, die auch in Kirchen geschätzt wird. Mit der C-Ausbildung darf man in Gottesdiensten Orgel spielen, Chöre leiten und anderes mehr. In Schlüchtern schulen Profis junge Organisten, Posaunenbläser, Gitarristen und Sänger aus ganz Deutschland in Klassik und Pop – meist während der Schulferien, denn dann stört man die Pennäler nicht, die eine Etage tiefer in den Klassenräumen büffeln.

Richtig ruhig zum Üben ist es für die angehenden Kirchenmusiker auch in den drei Kapellen des ehemaligen Benediktinerklosters. In die kann man übrigens auch bei einer Klosterführung schauen, die Einblicke in die Geheimnisse der über 1.000 Jahre alten Mauern gewährt. Ein kleiner Rundgang durch die historischen Räume, in denen diverse Orgeln, Flügel, Klaviere und ein Cembalo zum Üben warten, führt auch in die schlichten Übernachtungszimmer. Der Jugendherbergs-Standard soll sich demnächst ändern: Die Kirchenmusikakademie wird umfassend renoviert, zeitgemäßer Komfort soll einziehen. Ob nach den Modernisierungsmaßnahmen der Hogwarts-Charme in Schlüchtern noch zu spüren sein wird?

Adresse Im Kloster 2, 36381 Schlüchtern, Tel. 06661/74780, www.kirchenmusikakademie.de | ÖPNV Bahnhof Schlüchtern, circa 17 Minuten Fußweg; Busse 90, 91, Haltestelle Am Untertor | Anfahrt A 66, Ausfahrt Schlüchtern-Süd, über L 3329 bis Schlüchtern-Zentrum | Öffnungszeiten Infos zu Klosterführungen unter Tel. 06661/85359 oder www.schluechtern.de | Tipp In Schlüchterns Nachbarstadt Steinau an der Straße, wo die Brüder Grimm aufwuchsen, gibt es einen Märchenbrunnen, der viele Motive aus den Grimm'schen Märchen zeigt.

86 Die Kapelle Schönberg

Himmelfahrts-Ausflug in die Schwalm

Zwischen Kellerwald, Knüll und Vogelsberg liegt die Schwalm – eine Landschaft mit viel Himmel. Einst kamen Maler aus ganz Deutschland in die Schwalm, um unter freiem Himmel Wiesen, Felder, Bauern und Wolken zu malen. Deutschlands erste Künstlerkolonie entstand im 19. Jahrhundert in Willingshausen und versammelte einige große Namen: Carl Bantzer, Ludwig Emil Grimm und Otto Ubbelohde.

Wer auf dem hoch aufragenden Basaltkegel im benachbarten Schrecksbach-Röllshausen steht, sich den Wind um die Ohren pfeifen lässt und übers Land blickt, bekommt eine Ahnung von der Schönheit der Schwalm, die die »Maler des Lichts« einst mit Farbe und Pinsel oder Zeichenstift auf der Leinwand festhalten wollten. Seit 1.000 Jahren steht hier in exponierter Lage die Kapelle Schönberg. Schüler des Missionars Bonifatius sollen die Grundmauern errichtet haben, ihre romanischen und gotischen Fenster zeugen von vielfachen Umbauten im Laufe der Zeit. Bruchsteine prägen die Optik des Kirchleins. Im Turm hängen drei alte Glocken, die älteste aus dem 15. Jahrhundert. Umgeben ist die Kirche von einem alten Friedhof, die Grabsteine auf der grünen Wiese sind Zeugen einer vergangenen dörflichen Steinhauerkunst. Um die Jahrtausendwende begann ein Förderverein, die Anlage mit Hilfe der Deutschen Stiftung Denkmalschutz umfassend zu restaurieren. Das Ergebnis ist auf jeden Fall einen Ausflug wert.

Am Himmelfahrtstag steigen die Dorfbewohner das steile Treppchen zu ihrer Kapelle hinauf, um oben bei Posaunenklängen den Feiertag zu begehen. Sie knüpfen damit an eine alte Wallfahrtstradition an, die die Menschen vor der Reformation auf den Berg hoch über dem Flusstal der Schwalm lockte. Die Attraktion funktioniert bis heute an diesem Ort der Entrückung: Wie der Herr Jesus in den Himmel aufgefahren ist, kann man sich auf dem Schönberg eben besonders schön vorstellen.

Adresse Auf dem Schönberg, 34637 Schrecksbach-Röllshausen | **ÖPNV** Bus X39, Haltestelle Röllshausen, zehn Minuten Fußweg | **Anfahrt** A 49, Ausfahrt Schwalmstadt, über B 454 und B 254 bis Röllshausen | **Öffnungszeiten** öffentliche Führungen April–Okt. jeden 4. Sa im Monat um 14 Uhr, Besichtigung auch nach Absprache mit dem Pfarramt unter Tel. 06698/238 oder der Gemeindeverwaltung unter Tel. 06698/96000 möglich | **Tipp** Im Malerstübchen im Gerhardt-von-Reutern-Haus in der Merzhäuser Straße 1 in Willingshausen sind Werke der Schwalmkünstler ausgestellt (www.malerkolonie.de).

87 Die Alte Kapelle

Maria mit den neuen Händen

Es ist Mitte Januar und Schmuddelwetter. Eigentlich keine gute Idee, die Tür offen stehen zu lassen, doch die Alte Kapelle an der Eschborner Straße in Schwalbach am Taunus lädt mit weit geöffnetem Eingang zu einem Besuch ein. Eine schöne Geste mit sprechender Botschaft: Egal, ob Sommer oder Winter, Werktag oder Sonntag, hier bist du jederzeit willkommen. Tritt ein – zu einem kurzen Gebet, einem Moment der Stille, einem Blick auf die Madonna.

Rechts vom Altar steht sie. Die Marienfigur mit dem blauen Mantel blickt freundlich in den kleinen Raum der 1894 errichteten Marienkapelle. Ein neugotischer Bau mit Glockenfassade, aber ohne Glocken.

Einladend streckte Maria dem Besucher die Hände entgegen – bis zu dem Tag im Juli 2020, als Vandalen der Figur die Hände abschlugen und sie mitnahmen. Das Erschrecken in Schwalbach über diese Untat war groß. Wer macht so was? Von der »Maria ohne Hände« war die Rede. Nicht nur der katholischen Gemeinde war klar, dass die Figur repariert werden sollte, viele Bürgerinnen und Bürger spendeten Geld für die Sanierung. Mit den fast 7.000 gesammelten Euro gelang die fachmännische Rekonstruktion der Hände in einer Spezialwerkstatt in Oberfranken. Die Arbeit des Holzschnitzers ist perfekt: Die Bruchstellen sind nicht mehr zu sehen, die Finger der Madonna so filigran wie einst. Mit ausgebreiteten Armen begrüßt Maria wieder die Besucher in der Kapelle.

Eine Tafel an der Fassade verrät, dass es der städtische Verschönerungsverein ist, der sich immer wieder um die Kapelle verdient macht. Er initiierte eine Rettungsaktion, als das Gebäude in den 1970er Jahren einsturzgefährdet war, und erreichte, dass das Wahrzeichen am Alten Friedhof unter Denkmalschutz gestellt wurde. Jetzt glückten die Handprothesen für Maria. Und damit die Tür auch künftig offen bleiben kann, wurde eine Videokamera eingebaut, die Vandalen abschrecken soll.

Adresse Eschborner Straße 21, 65824 Schwalbach am Taunus | ÖPNV Busse 810, 812, Haltestelle Schwalbach Alter Friedhof | Anfahrt A 5, Ausfahrt Nordwestkreuz Frankfurt, dann L 3005 bis L 3014 in Schwalbach am Taunus | Tipp Auf dem Grünstreifen vor der Alten Kapelle hat der Verschönerungsverein den lustigen »Schwalbacher Reiter« platziert – eine Bronzeplastik des Künstlers Eberhard Szejstecki. Dahinter lohnt ein Gang über den 7.000 Quadratmeter großen Alten Friedhof der Stadt mit historischen Grabmälern.

88 Die Konfirmationsstadt

Wo die Konfirmation erfunden wurde

Es gibt Städte, die tragen einfach nur einen Namen. Andere sind mit einem Titel geadelt, dann steht zum Beispiel »documenta-Stadt Kassel«, »Barbarossastadt Gelnhausen« oder »Lutherstadt Wittenberg« auf dem gelben Ortsschild. Ziegenhain darf sich seit 2017 mit der amtlichen Zusatzbezeichnung »Konfirmationsstadt« schmücken. Wieso wurde die ehemalige Residenz- und Kreisstadt in der Schwalm zur Metropole aller Konfis – also jener junger Menschen, die sich auf der Schwelle zum Erwachsenwerden anschicken, vollwertige Mitglieder der evangelischen Kirche zu sein, und dafür teure Geschenke in Empfang nehmen?

Der Grund liegt auf der Hand: In Ziegenhain wurde die Konfirmation erfunden. Am Pfingstsonntag im Jahr 1539 standen hier erstmals 14-jährige Jungen und Mädchen vor dem Altar, um ihre Säuglingstaufe zu bestätigen und durch eine Prüfung nachzuweisen, dass sie mit den christlichen Feiertagen und den fünf Hauptstücken des lutherischen Katechismus vertraut waren: Glaubensbekenntnis, Zehn Gebote, Vaterunser, Taufe und Abendmahl. Mit dem Ritus der Konfirmation wurden sie religionsmündig und zum Abendmahl zugelassen. Bis heute erleben Millionen Konfirmanden weltweit dieses Fest der »Bestärkung«, was das lateinische *confirmare* bedeutet.

Eine Tafel an der Schlosskirche weist auf die sogenannte Ziegenhainer Zuchtordnung hin, die in der Reformationszeit Grundlage für die Einführung der Konfirmation wurde. Hessens Landgraf Philipp setzte auf religiösen Ausgleich. Er wollte im hochkochenden Streit zwischen der radikalen Täuferbewegung und den führenden Reformatoren vermitteln. Der Straßburger Theologe Martin Bucer formulierte den Kompromiss: Die Kindertaufe wurde beibehalten, die Heranwachsenden sollten aber Nachhilfeunterricht in Glaubensdingen bekommen. In der Konfirmation konnten sie so nachträglich »Ja« zu ihrer Taufe sagen und sich als Christen vor der Gemeinde bekennen.

Adresse Schwalm Touristik, Paradeplatz 7, 34613 Schwalmstadt-Ziegenhain, Tel. 06691/207400, www.schwalmtouristik.de | **Anfahrt** A 49, Ausfahrt Schwalmstadt, über B 454 nach Ziegenhain | **Tipp** Kostümierte Stadtführungen machen die Welt des 16. Jahrhunderts lebendig. Auf dem 21 Kilometer langen Katechismuspfad kann man fünf Eckpfeiler des evangelischen Glaubens per Wanderung erkunden (www.konfirmationsstadt.de).

89_Der Klostergarten

Wo Mönche 1.000 Jahre lang gärtnerten

Wer mit der Mainfähre vom bayerischen Kahl ins hessische Seligenstadt übersetzt, kommt übers Wasser gleitend dem Genusshimmel näher. Nicht zuletzt die hervorragenden Eisdielen locken Ausflügler auf die andere Flussseite. An schönen Tagen flaniert gefühlt jeder Zweite mit leckeren Eiskugeln durch die Altstadtgassen. Im Klosterhof neben den markanten Türmen der Einhardsbasilika lassen sich Genießer zudem ein gutes Gläschen Rotling oder einen »Kalten Bischof« schmecken.

Früher trieb der nackte Hunger viele Menschen zum Kloster Seligenstadt. Denn hier gab es täglich eine Verköstigung für die Armen. Noch heute ist die Durchreiche für die Armenspeisung aus der Klosterküche zu erkennen, versehen mit einer Inschrift aus dem Jahr 1620: »Herbey zum Habernbrey, hie in der Suppen hast du der Gersten drey …« Gerste und Hafer waren sonst eher Tierfutter, der Spruch sollte also die Erwartungen an die Qualität des Essens niedrig halten, um nicht allzu viele Menschen anzulocken. Doch das wohlhabende Kloster war nicht geizig, schenkte im 18. Jahrhundert auch Bier und Suppe an die Armen aus, wie Chroniken belegen.

Im Jahr 828 von Einhard, dem Berater Karls des Großen, gegründet, existierte die Benediktinerabtei bis zu ihrer Auflösung 1803 wie eine Stadt in der Stadt. Immer gab es im Kloster Seligenstadt viele hungrige Mäuler zu stopfen: Mönche, Dienstboten, Gäste, Bettler, Potentaten. Zur guten Versorgungslage trug nicht unwesentlich der Konventgarten bei. Auf dem 8.000 Quadratmeter großen Stück Land, ummauert am Ufer des Flusses gelegen, wurden Gemüse und Obst geerntet. Auch Kräutern und exotischem Luxus von A wie Ananas bis Z wie Zitrone war man nicht abgeneigt. Davon können sich heutige Besucher überzeugen, die über die barocken Wege des wunderbar restaurierten Klostergartens schlendern und dabei – mit einem Eis in der Hand – die Pflanzen, die Sonne und den Main genießen.

Adresse Benediktinerabtei Kloster Seligenstadt, Klosterhof 2, 63500 Seligenstadt am Main, Tel. 06182/829882, www.schloesser-hessen.de | **Anfahrt** A 3, Ausfahrt Seligenstadt, über L 3121; Alternative: über Kahl fahren und mit der Mainfähre übersetzen | **Öffnungszeiten** Klostergarten ganzjährig bis zum Einbruch der Dunkelheit frei zugänglich, im Sommer bis 20 Uhr; Führungen durch Garten, Apotheke, Kreuzgang, Speisesaal und Klosterküche Di–So 10, 12 und 14 Uhr, Treffpunkt am Klosterladen | **Tipp** Statt Eis lieber etwas Herzhaftes? Im Klosterladen kann man das berühmte Klosterbrot probieren und auch Gemüse und Kräuter aus dem Klostergarten kaufen.

90 Der Himmelsfels

Berg aus Bauschutt und Hoffnung

Dass man einen ganzen Berg geschenkt bekommt, passiert relativ selten. So war Pfarrer Johannes Weth außerordentlich überrascht, als er 2003 einen Anruf aus dem nordhessischen Spangenberg erhielt, in dem ihm eine nette ältere Dame mitteilte, dass sie ihm und seinem Jugendprojekt »Weltstadt« ein 100.000 Quadratmeter großes Areal vermachen wolle. »Himmelsfels« nannten die Beschenkten den Berg später. Auf dem Gelände am Rand der Fachwerkstadt hatte das Stifterehepaar in jahrzehntelanger Arbeit auf den Ruinen eines alten Kalkwerks einen Berg aus Bauschutt errichtet und das Ganze zu einem Park umgestaltet.

Das ungewöhnliche Grundstück erfuhr eine neue Nutzung – der Himmelsfels ist heute Begegnungszentrum für Menschen aus aller Welt, Ort christlicher Jugendarbeit, Park für »sozialräumliche Kunst«, wie der Künstler und Theologe Weth erklärt. Zusammen mit Steve Ogedegbe aus Nigeria leitet er die Stiftung, die den Traum verwirklichen will, aus Schutt neues Leben hervorzubringen. Fast immer stromern Jugendliche aller Hautfarben durch den Park, die in einem von zwölf Bauwagen übernachten und in der Gemeinschaft strukturierte Tage erleben: Stille am Morgen, Bibel am Mittag und Gospel am Abend – ein bisschen wie in der berühmten Kommunität von Taizé.

Oder ist es doch eher wie in der dänischen Freistadt Christiania, wo alternative Autonomie herrscht? Wer den Himmelsfels betreten will, muss zunächst den Zoll passieren – und bekommt einen Reisepass für das »internationale Territorium«. Die Staatsangehörigkeit soll hier nicht mehr zählen – alle sind Botschafter der guten Nachricht, unabhängig von ihrer Herkunft, so die Idee. Ein Hinweisschild warnt humorvoll: »Bitte bewahren Sie Ruhe bei möglichen Kulturschocks und auftretendem Sprachwirrwarr.« Unter dem Gipfelkreuz, das auf der Schutthalde errichtet wurde, spürt man: In dieser Welt kann der Glaube Berge versetzen.

Adresse Parkplatz Bergheimer Straße, 34286 Spangenberg, www.himmelsfels.de | ÖPNV Busse 250, 440, 441, Haltestelle Abzweig Bergheimer Straße | Anfahrt A 7, Ausfahrt Melsungen, dann über B 253, B 83 und B 487 bis Spangenberg, den Schildern am Ortseingang folgen | Öffnungszeiten Gäste jederzeit willkommen, Anmeldung zur Führung unter Tel. 05663/274017 | Tipp Gegenüber dem Himmelsfels thront Schloss Spangenberg über der nordhessischen Kleinstadt. Die Burg war im Laufe von 800 Jahren Festung, Jagdschloss, Gefängnis, Forstschule und wird heute als Hotel genutzt.

91 Der Lutherweg Tann

Örtchen der Erkenntnis

Sie waren ziemlich beste Freunde – der Reformator Martin Luther und der Ritter Eberhard von der Tann. Dieser hatte den Wittenberger Theologen als Student kennengelernt und führte später als kursächsischer Rat in der Rhön die Reformation ein. 1564 ließ der Luther-Freund die Tanner Stadtkirche erbauen. Die barocke Kirche fiel dem Stadtbrand zum Opfer, eine mächtige neugotische Kirche wurde am selben Ort errichtet. Glasfenster zeigen die beiden für Tann wichtigen Männer gleich neben den Aposteln.

An der Kirche startet ein knapp drei Kilometer Rundwanderweg, der unter dem etwas komplizierten Titel »Luther – Reformation/Provokation – Tann« auf acht Stationen durch das Rhönstädtchen und auf die umgebenden Hügel führt. Folgt man den Tafeln, kommt man vorbei an Kunstwerken unterschiedlicher Machart, die zum Nachdenken anregen sollen: einem Denkkreuz, einer Steinsäule mit Lutherrose, lustigen Holzfiguren von Luther und seiner Frau Katharina, die man mit dem eigenen Gesicht fotografieren kann, einer Wand mit Lutherzitaten, einem Glaubensschiff und einem halb verbrannten Davidstern, der an Luthers antisemitische Ausfälle erinnern soll.

Schließlich eine Installation auf dem Habelberg oberhalb von Tann: Aufgestellte Türflügel eröffnen einen schönen Blick über grüne Wiesen auf den Ort. Im Faltblatt dazu das passende Zitat Luthers: »Da fühlte ich mich ganz und gar neu geboren, und durch offene Türen trat ich in das Paradies selbst ein.« Was ist gemeint? Es geht um die Rechtfertigungslehre, also um die Antwort auf die bohrende Frage: Wie kriege ich einen gnädigen Gott? Nach langem Grübeln wusste Luther plötzlich: Nicht durch eigene Verdienste, Anstrengungen oder gute Werke, sondern allein durch den Glauben kommt der Mensch ins Paradies. Um den Ort seiner Erkenntnis machte der Reformator übrigens kein Geheimnis: Auf dem Klo habe der Heilige Geist sie ihm zuteilwerden lassen.

Adresse Flyer zum Lutherweg in der Stadtkirche, Kirchplatz 1, 36142 Tann / Rhön, sowie in der Tourist-Info im Rathaus, Marktplatz 6, 36142 Tann / Rhön, Tel. 06682/961111, www.tann-rhoen.de | Anfahrt A 7, Ausfahrt Hünfeld-Schlitz, auf der L 3176 bis Tann | Tipp Tann liegt im Ulstertal im Herzen der hessischen Kuppenrhön, früher in einer durch die DDR-Grenze abgeschnittenen Region. Das »Land der offenen Fernen« entdeckt man am besten auf Rad-, Wald- und Wanderwegen.

92 Der Kirchenhimmel Habel

Marilyn Monroe in der Rhön

Der Maler Walter Niebergall (1924–1999) liebte die Rhön. Die Schönheit seiner Heimatlandschaft hielt er in Bildern fest: Wasserkuppe, Ulstertal und Schwarzes Moor, idyllische Waldwege oder Bäche, die sich durchs Tal schlängeln. Als er in den 1960er Jahren den Auftrag bekam, die Dorfkirche in Habel zu renovieren und neu auszumalen, zeigte sich, dass er auch einen Sinn für andere Schönheiten hatte. Denn der Künstler zauberte die Hollywood-Legenden Marilyn Monroe und Jane Russell an die Kirchendecke.

Mit Engelsflügeln auf Wolken schwebend sind sie in dem Rhön-Dorf verewigt und schauen auf die Gottesdienstbesucher herab. Die Körper der Sexsymbole freilich bleiben hinter der Wolkendecke verborgen. Niebergall entdeckte die Vorlagen für die Gesichter der prominenten Schauspielerinnen in Illustrierten und übernahm sie für seinen Kirchenhimmel. Auch das andere Figurenpersonal, das den Himmel in der Barockkirche bevölkert, trägt sehr individuelle Züge. Hat der Maler hier die Dorfschönheiten seiner Zeit hineinkomponiert? Zwei Engel mit Posaunen fordern auf Banderolen zum Singen auf: »Alles, was Odem hat, lobe den Herrn.«

Die Kirche auf dem Berg ist ein Bilderbuch für Entdecker. Denn es gibt dort auch ältere Bilder von Friedrich Ley aus dem Jahr 1785 zu sehen: das letzte Abendmahl, die Himmelfahrt, die Opferung Isaaks und andere Bibelgeschichten. Hinter der Kanzel blickt Martin Luther streng in die Kirche. Sein Freund, der Reichsritter Eberhard von der Tann, führte 1534 hier die Reformation ein. Er war Kommandant der Wartburg, als Luther dort das Neue Testament ins Deutsche übersetzte. Was der Reformator wohl vom erotischen Monroe-Engel in Habel gehalten hätte? Luther schätzte andere Eigenschaften an den Himmelsboten: »Die Engel sind uns ganz nahe und schützen uns […]. Um uns schützen zu können, haben sie lange Arme, damit sie mit Leichtigkeit Satan verjagen können.«

Adresse Evangelische Kirche Habel, Kirchweg, 36142 Tann / Rhön-Habel | **ÖPNV** Bus 25, Haltestelle Habel | **Anfahrt** A 7, Ausfahrt Hünfeld-Schlitz, über L 3176, K 128, K 95 und K 94 bis Habel | **Öffnungszeiten** Besichtigung nach Anmeldung unter Tel. 06682/249 | **Tipp** Ausgemalte Tonnengewölbe mit prächtigen Himmelslandschaften, bevölkert von Engeln und biblischem Personal, findet man auch in Ronshausen (www.kirche-ronshausen.de).

93_Das Studio Derix

Die Päpstliche Hofglasmalerei

Der Himmel ist ein beliebtes Motiv für Kirchenfenster. Mittelalterliche Glasmalereien präsentieren den strahlenden Wohnsitz Gottes und der Heiligen gern in transparenten Farben. Der Trick: Bemaltes oder eingefärbtes Glas ist lichtdurchlässig, aber nicht durchsichtig. Diesen Effekt wussten Künstler, Dombaumeister und Handwerker schon sehr früh zu nutzen, wenn es galt, die geheimnisvolle jenseitige Welt darzustellen.

Eine besondere Meisterschaft in dieser Kunst hat die Familie Derix entwickelt, deren Unternehmen heute in fünfter Generation in Taunusstein tätig ist. Die Firmengeschichte kennzeichnet eine intensive Zusammenarbeit mit kirchlichen Auftraggebern. Gründer Wilhelm Derix, der die Sixtinische Kapelle verglaste, ergatterte 1908 die Auszeichnung »Päpstliche Hofglasmalerei«. Seine Söhne betrieben Werkstätten in Gorch und Kevelaer. Nach den Scherbenhaufen der Weltkriege waren besonders Restaurierungen gefragt. Von Anfang an war man auch offen für die Kooperation mit zeitgenössischen Künstlern. Nicht immer geht es dabei um Sakrales, es kann auch mal der Glashimmel einer U-Bahn-Station in Taiwan entstehen.

Seit 1974 gibt es das Studio in Taunusstein mit der Werkstatt und einer sehenswerten Ausstellung: Hier treffen Besucher auf Glaskunst mit leuchtenden Himmelsdarstellungen, zum Beispiel die Pop-Art-Kirchenfenster von James Rizzi, auf denen lustige Comicfiguren ein buntes und fröhliches Bild vom Himmel malen. Oder die abstrakten Farbquadrate von Gerhard Richter aus dem Kölner Dom, die eine Symphonie des Lichts in den Dom zaubern. Oder das himmelblaue »Weltvollendungsfenster« im Ulmer Münster von Johannes Schreiter. Oder die Arbeiten des Stuttgarter Glasgestalters Lukas Derow, der ebenfalls auf Kirchen spezialisiert ist. Große Lichtkunst am Bau also, die man in Taunusstein fachmännisch und technisch innovativ mit mundgeblasenen Gläsern in über 3.000 Farbtönen umsetzt, damit die intensive Leuchtkraft ungebrochen bleibt.

Adresse Platter Straße 94, 65232 Taunusstein-Wehen, Tel. 06128/96680, www.derix.com | **ÖPNV** vom Wiesbadener Hauptbahnhof mit Bus 270 (Richtung Idstein) bis Taunusstein-Wehen, Haltestelle Walkmühlstraße | **Anfahrt** von Norden A 3, Ausfahrt Idstein, von Süden A 3 oder A 66, Ausfahrt Wiesbaden, weiter zur B 417, Abfahrt Taunusstein-Wehen, kurz nach Ortseingang auf der linken Seite | **Öffnungszeiten** Besuch nach Voranmeldung möglich | **Tipp** Wenn Sie die Glaskunst des renommierten Künstlers Johannes Schreiter auf sich wirken lassen möchten, schauen Sie sich die Glasfenster in der Stadtkirche seines Wohnorts Langen an.

94 Die Wallfahrtskirche

Das hessische Blutwunder

»Wunder gibt es immer wieder«, sang Katja Ebstein 1970. Eines dieser unerklärlichen Ereignisse unter Gottes weitem Himmel soll sich im Jahr 1330 in Gottsbüren zugetragen haben – einem versteckten Ort, den heute das Navi mitten im nordhessischen Reinhardswald aufspürt, der im Mittelalter jedoch verkehrsgünstig an einer bedeutenden Handelsstraße lag. Dort wurde angeblich der Leichnam Christi in den Wäldern gefunden und in die örtliche Kirche gebracht. Nach anderer Darstellung war es eine geweihte Hostie mit fünf Blutstropfen, die entdeckt und in einer Monstranz aufbewahrt wurde. Alte Fresken im Inneren der Kirche zeigen die Hostienlegende in sprechenden Bildern.

Wie auch immer: Das Wunder von Gottsbüren war da und löste im 14. Jahrhundert einen gewaltigen Wallfahrtsboom aus. Eine Reisewelle, von der heutige Touristiker nur träumen können, ließ sich damals durch die Heilig-Blut-Hostie initiieren: Die Pilger kamen von nah und fern, viele von ihnen übrigens nicht um ihres Seelenheils willen, sondern weil ihnen die Wallfahrt gerichtlich als Bußleistung auferlegt worden war oder weil sie sich als Dienstleister für reiche Sünder auf die gefahrvolle Reise begaben.

Dass ein roter Schimmelpilz in feuchten Kirchen oftmals blutartige Spuren hinterlässt, was das vermeintliche Wunder erklären würde, ist eine Erkenntnis der modernen Wissenschaft. Davon konnten und wollten die mittelalterlichen Wallfahrer nichts wissen. Tatsache ist: Die Wundergläubigen strömten, und Gottsbüren wurde reich. Die immer größer werdende Kirche zeugt noch heute vom Aufschwung. Um die Sicherheit der Pilger zu gewährleisten, ließ der Erzbischof von Mainz übrigens die nahe Sababurg errichten – heute bekannt als Dornröschenschloss. Was dort mit der hinter einer hohen Dornenhecke schlafenden Prinzessin passiert sein soll, steht auf einem anderen Blatt, gehört aber auch in die Kategorie Wunder.

Adresse Am Kirchhof 5, 34388 Trendelburg-Gottsbüren | **ÖPNV** Bus 192, Haltestelle Sababurger Straße | **Anfahrt** A 44, Ausfahrt Breuna, über L 3080, B 7 und B 83 bis Trendelburg, dort auf L 763 abbiegen und weiter bis Gottsbüren | **Öffnungszeiten** tagsüber jederzeit zugänglich | **Tipp** Wunderschöne alte Fachwerkhäuser prägen das Ortsbild rund um den Kirchhof. Stilvoll übernachten kann man direkt gegenüber der Kirche im toll renovierten Pilgrims Rest (www.pilgrims-rest.de). Die Sababurg ist rund fünf Kilometer entfernt.

95 Der Weserradweg

Biken und pilgern am Fluss

Wer sagt denn, dass man nur mit den Füßen pilgern kann? Rad-Pilgern ist eine echte Alternative, vor allen Dingen, wenn der (Rad-) Pilgerweg an einem Fluss entlangführt. Zweiradfans kennen den Weserradweg als 520 Kilometer lange Herausforderung zwischen Hann. Münden im Weserbergland und Cuxhaven an der Nordsee. Aber schon die ersten Kilometer dieser Traumroute haben viel zu bieten: Wunderschöne Landschaften, inspirierende Dorfkirchen und monumentale Klöster liegen an der Oberweser.

Startpunkt ist die Marienbasilika in Wilhelmshausen an der Fulda, die sich in Hann. Münden mit der Werra zur Weser vereinigt. Über Gimte und Hemeln geht es zum Kloster Bursfelde, einem geistlichen Zentrum der hannoverschen Landeskirche, das dazu einlädt, sich singend in die Zeit der Mönche zurückzuversetzen. »Hören, was am Ort klingt«, das ist das Motto des Klosters, das Raum für die Entdeckung benediktinischer Tradition mit evangelischem Profil bietet. Und weiter: Auf beiden Seiten ist man entlang des Flusses wunderbar mit dem Fahrrad unterwegs – mal in Hessen, mal in Niedersachsen. Der Wechsel zwischen den Bundesländern geht manchmal auch per Gierseilfähre. In kleinen Etappen können Radler, die dem spirituellen Rundweg folgen, die Stationen ansteuern und dabei den Blick auf das lenken, was Gedanken und Herzen in Bewegung bringt.

Von Oedelsheim führt der Weg nach Gieselwerder. Man kann auch noch weiterfahren bis zur Klosterkirche Lippoldsberg. Es lohnt sich. Die stilrein erhaltene romanische Basilika ist ein Baudenkmal von nationaler Bedeutung. Wer sich nicht zu viel Strecke zumuten möchte: Nach 33 Kilometern endet der Hinweg, eine Pilgerherberge lädt hier zum Übernachten ein. Man kann aber auch nur eine Toilettenpause im Besucherzentrum einlegen und sich gleich wieder auf den Sattel schwingen. Auf der anderen Flussseite radelt man dann an Weser und Fulda entlang zurück nach Wilhelmshausen.

Adresse Klosterkirche Lippoldsberg, Pilgerherberge, Klosterhof 3, 37194 Wahlsburg-Lippoldsberg, Tel. 0176/58032322, www.klosterkirche.de; Start und Ankunft: Marienbasilika Wilhelmshausen, 34233 Fuldatal, Tel. 05673/1248, www.kirche-holzhausen.de | Anfahrt Wilhelmshausen zwischen Kassel und Hann. Münden auf der hessischen Seite an der B 3 | Öffnungszeiten täglich 10–17 Uhr | Tipp Holen Sie sich in den Weserorten den Pilgerstempel ab. Sammelheftchen findet man in den Kirchen am Weg oder unter www.kirchenkreis-muenden.de.

96__Der Netzer Flügelaltar

Das Objekt der Begierde bleibt, wo es ist

Es ist eine echte Kostbarkeit, die in der Kirche von Netze, einem 600-Seelen-Dorf in der Nähe des Edersees, zu finden ist: Der dreiflügelige Tafelaltar, um 1360 in einer westfälischen Werkstatt entstanden, zeigt in 13 Bildern das Leben Jesu. Auf warm leuchtendem Goldgrund wird in den Szenen auf der linken Seite die Geschichte vor und kurz nach der Geburt dargestellt: Verkündigung des Engels an Maria, Geburt im Stall, Anbetung der Könige und Darbringung im Tempel. Auf der mittleren Tafel im Zentrum die Passionsgeschichte mit dem Gekreuzigten. Rechts: Grablegung, Auferstehung, Himmelfahrt und Pfingsten. Die ganze Heilsgeschichte in elegant geschwungenen Formen – gemalt auf sechs Quadratmetern.

Diesen Kunstschatz entdeckte ein Amerikaner in der ehemaligen Klosterkirche, als er 1927 im nahen Bad Wildungen zur Kur weilte und mit zwei Blondinen am Arm im Dorf auftauchte. Das Altarbild hätte er am liebsten gleich mitgenommen. Stolze 100.000 Reichsmark bot der reiche Mann, doch die Netzer blieben standhaft, gaben der Versuchung des Mammons nicht nach. Gegen Ende des Zweiten Weltkriegs dann verhinderte das Engagement der Gemeinde, dass das in einem Wildunger Bunker eingelagerte Retabel von der Besatzungsmacht in die USA gebracht wurde. Als das Kunstwerk zwecks Sanierung später nach Berlin transportiert werden sollte, rebellierten gar bewaffnete Dorfbewohner. Erst in den 1980er Jahren gaben sie den Altar zur Restaurierung her, denn Holz und Farbe hatten in der feuchten Kirche doch sehr gelitten.

Kulturhistorisch wertvoll ist das Altarbild – das war jetzt allen klar. Aber welchen Nennwert hat das begehrte Stück eigentlich? Kann man das beziffern? Ein Fachmann wurde gefragt und gab die Antwort in einer Währung, die vor Ort ein Begriff war: Schon zu seiner Entstehungszeit habe das Gemälde so viel gekostet wie drei bis vier Netzer Bauernhöfe.

Adresse St. Maria und die vier Gekrönten, Marienthalweg 7, 34513 Waldeck-Netze, www.kirchenkreis-eder.de/netze | **Anfahrt** A 44, Ausfahrt Korbach / Wolfhagen / Waldeck, über B 251 bis Freienhagen, dann auf der L 3083 nach Netze | **Öffnungszeiten** Führungen mit Küsterin Frieda Trappmann möglich, Infos und Anmeldung unter Tel. 05634/7263 | **Tipp** Der Ederseebahn-Radweg führt auf einer ehemaligen Bahntrasse durchs Waldecker Land von Korbach bis Edertal-Buhlen und an Netze vorbei.

97__Die Cafédrale

Kirche mit eigenem Badestrand

Der Himmel leuchtet blau über der Kirche am See und sorgt für Ferienstimmung. »Wo wir sind, ist Sommer«, lacht Peter Dietrich. Der humorvolle Theologe, der auch als Bauchredner auftritt, leitet die »Kirche unterwegs«, die an Urlaubsorten und auf Campingplätzen für Touristen da sein will. So auch am Edersee, der nordhessischen Ferienregion Nummer eins. Hier steht in Traumlage ein modernes Holzständergebäude mit markantem Fensterkreuz direkt am Seeufer, breite Treppen führen hinunter zum Sandstrand, Segelboote dümpeln im Wasser, von fern sieht man Schloss Waldeck.

Unter dem zeltförmigen Dach, das mit hellem Holz verkleidet ist, singen die Besucher zu Gitarrenklängen und lauschen einer unterhaltsamen Sonntagspredigt. Die Fenster erlauben derweil entspannte Ausblicke in den Wald und auf den See. Nach der Andacht gehen die meisten nach nebenan in die Cafédrale, um in der kircheneigenen Cafeteria noch ein bisschen miteinander zu quatschen. Auf dem weitläufigen Gelände ist viel Platz für tobende Kinder, am Strand kann Beachvolleyball gespielt werden, einer Abkühlung im See steht nichts im Wege.

Was hat die »Kirche unterwegs« am Edersee neben Gottesdiensten noch im Programm? Teams aus freiwilligen jungen Leuten, die den ganzen Sommer über im Haus neben der Kirche wohnen, organisieren Spielenachmittage, Lagerfeuerabende, Konzerte für die ganze Familie und viele andere kreative, kommunikative, sportliche und geistliche Angebote. »Wir wollen mithelfen, dass Menschen miteinander und mit Gott ins Gespräch kommen«, sagt Peter Dietrich. Schon seit 50 Jahren ist die evangelische Kirche mit ihrer Urlauberseelsorge am Edersee präsent. Die schicke neue Kirche, die erst 2021 eingeweiht wurde, sorgt für Aufsehen. In der Hochsaison wird auf dem Platz ein Zirkuszelt aufgebaut, das vor allem Kinder anlockt. Demnächst soll noch ein Bibelgarten dazukommen.

Adresse Kirche am See, Adamsfeld 35, 34513 Waldeck-Scheid, Tel. 0561/9378386, www.kunterwegs.de | **Anfahrt** A 44, Ausfahrt Korbach / Wolfhagen / Waldeck, über B 251 bis Freienhagen, dann auf die Ederseestraße K 22, in Waldeck-Nieder-Werbe auf die Halbinsel Scheid abbiegen, in der Ortsmitte Scheid bei der Wendeschleife Richtung Ostufer zu den Parkplätzen vor der Kirche am See | **Öffnungszeiten** auch außerhalb der Saison Gottesdienste in der Kirche am See, Wintertermine siehe Website | **Tipp** Wenn der Edersee Wasser verliert – und das ist am Ende des Sommers immer der Fall –, tauchen die vor über 100 Jahren von der Talsperre überfluteten Dörfer auf. In Nieder-Werbe guckt eine nachgebaute Kirchturmspitze aus dem See.

98 Der Garten der Sinne

Kontemplative Impulse vor der Kreuzkirche

Auf dem Hügel unter dem Kirchturm der Wetzlarer Kreuzkirche grünt und blüht es. 43 Ehrenamtliche aus der evangelischen Gemeinde haben einen »Garten der Sinne« angelegt – ein Name, der nicht überzogen scheint, wenn man die Vielfalt des Gebotenen in Augenschein nimmt. Das Kirchengrundstück wurde geschickt genutzt, um nicht nur Gottesdienstbesuchern, sondern auch distanzierteren Flaneuren unter freiem Himmel kontemplative Impulse zu geben. »Wir möchten zeigen, wie wunderbar es ist, das, was Gott uns schenkt, zu sehen, zu hören, zu riechen, zu fühlen und zu schmecken«, umreißt Pfarrer Jörg Süß die Idee.

Und die Ideen flossen reichlich bei der Gestaltung der Grünanlage. Man schlendert über die Wege und entdeckt Rosenbeete und Kletterrosen, eine Duftecke, ein Schattenbeet, ein Rhododendronbeet. Im Bibelgarten warten Pflanzen aus der Welt des Alten und Neuen Testaments. Hochbeete wurden für Kitas angelegt. Dem Trend des Urban Gardening folgend, kann man vor der Kirche Gemüse aus eigenem Anbau ernten und mit nach Hause nehmen. Kräuterbeete bieten Heil-, Würz-, Küchen- und Färbekräuter. Im Naschgarten pflücken Besucher süße Früchte der Saison von den Sträuchern und stecken sie in den Mund.

Der Garten der Sinne hat echte Aufenthaltsqualität. Bänke zum Ausruhen stehen übers Gelände verteilt. Nicht nur Kinder freuen sich auf dem Fußerlebnispfad, wenn die Natur unter den Sohlen kitzelt. Großfeldschach und Boulebahn laden zum Spielen ein. Über ein Bodenlabyrinth kann man zur eigenen Mitte finden. Am Sprudelstein an der Baumbank plätschert Wasser. Es gibt Nisthilfen für Vögel und eine Kiste mit Texten und Karten für lesende Zeitgenossen. Noch mehr für die Sinne? In Planung sind ein Fitnessparcours, ein Bienenlehrstand, ein Eidechsenterrain, Fledermauskisten und ein Backhaus. Und wem das nicht reicht: In der Kirche kann man mit etwas Glück dem himmlischen Klang der Orgel lauschen.

Adresse Kreuzkirche Wetzlar, Stoppelberger Hohl 42, 35578 Wetzlar, Tel. 06441/23668, www.evangelisch-in-wetzlar.de/kreuzkirche | ÖPNV Bus 13 ab Wetzlar Bahnhof/ZOB, Haltestelle Wetzlar Kreuzkirche | Anfahrt A 45, Ausfahrt Wetzlar-Süd, dann L 3451 | Tipp Jeden Samstag von 10 bis 13 Uhr findet im Turm der Kreuzkirche ein Bücherflohmarkt statt, mit dessen Erlös Gemeindeprojekte unterstützt werden.

99__Der Wetzlarer Dom

Katholisch und evangelisch unter einem Dach

Wer im Internet die Seite www.dom-wetzlar.de anklickt, landet bei der Katholischen Pfarrei Unsere Liebe Frau Wetzlar. Man kann aber auch www.evangelisch-in-wetzlar.de eintippen und bekommt Infos über den Dom angezeigt. Kurze Verwirrung – ja, was denn jetzt? Des Rätsels Lösung: Der Dom der mittelhessischen Stadt ist eigentlich beides, evangelisch und katholisch. Den Sakralbau besitzen als eine der ältesten Simultankirchen Deutschlands Katholiken und Protestanten gemeinsam. Im Klartext: Katholische und evangelische Christen benutzen denselben Raum, den Altar, die Orgel und die Kanzel für ihre Gottesdienste – und das schon seit dem 16. Jahrhundert.

Mit Einschränkungen, muss man sagen, denn es ist keine ökumenische Gemeinde, die sich im Dom trifft. Das machen schon die beiden Infoständer im Kircheninneren klar: »Evgl. Kirchliche Nachrichten«, heißt es auf dem einen, »Kath. Kirchl. Nachrichten« auf dem anderen. Jeder macht sein Ding, aber im Laufe der Jahrhunderte haben sich die Konfessionen angenähert, aus Feindschaft wurde gegenseitiger Respekt. Nach der Reformation wurde am 8. September 1561 eine vertragliche Regelung für eine gemeinsame Nutzung der Kirche durch die katholischen Stiftsherren und die lutherischen Bürger festgelegt.

Das bedeutete in der Folge jedoch keineswegs reibungslose Kooperation. Die Wetzlarer Christen blieben gespalten wie überall auf der Welt, man teilte sich den Bau notgedrungen, baute Grenzen auf. Bis im Zweiten Weltkrieg eine Bombe den Lettner traf, der bis dahin als Raumteiler zwischen dem katholischen Chor und dem evangelischen Haupthaus des Doms fungiert hatte. Diese Trennwand wurde nach dem Krieg bewusst nicht wiederaufgebaut. Regelmäßige ökumenische Feiern führen heute beide Konfessionen – der Bombe sei Dank – zumindest am Pfingstmontag, zu Silvester und zum Totengedenken im November zusammen.

Adresse Domplatz, 35578 Wetzlar, www.dom-wetzlar.de, www.evangelisch-in-wetzlar.de | **ÖPNV** 20 Minuten Fußweg vom Bahnhof Wetzlar bis zum Dom | **Anfahrt** A 5, Ausfahrt Wetzlar, B 49, Abfahrt Richtung Garbenheim / Forum / Arena, Richtung Altstadt bis zum Dom | **Öffnungszeiten** Domführungen bei der Tourist-Information am Domplatz 8 oder unter Tel. 06441/997755 buchbar | **Tipp** In Wetzlar hat der Evangeliumsrundfunk seinen Sitz. Der Privatsender produziert seit sechs Jahrzehnten christliche Radio- und TV-Programme. Das ERF-Medienhaus kann man besichtigen (www.erf.de).

100 Die Lutherkirche

Jugendstil – multifunktional

Ein Kulturdenkmal, ein Konzertsaal, ein Jugendstil-Juwel – aber auch eine Kirche? Ja, auch das. Die Lutherkirche in der Wiesbadener Innenstadt kriegt mühelos alle diese Attribute unter einen Hut. Der 50 Meter hohe Turm und das großflächige Kirchendach bilden diesen Hut, der alles multifunktional miteinander vereint. Äußerlich sieht der 1910 in der Wilhelminischen Ära errichtete Sakralbau gar nicht nach Kirche aus. Und inwendig vielleicht sogar noch weniger: Dekorativ geschwungene Linien und großflächige farbige florale Ornamente bestimmen die Optik. Wenige christliche Symbole, dafür aztekische Muster. Vergoldete Tropfen fließen an den Wänden herab – Jugendstil in Reinkultur eben.

»Der Raum hat etwas Magisches«, schwärmt Pfarrer Johannes Lösch über seine Kirche, während vorn gerade die Jungen und Mädchen der Evangelischen Singakademie proben. Ein Kindermusical soll aufgeführt werden. Die Akustik ist toll, bestätigt der Pfarrer, deshalb sind hier auch zwei bedeutende Orgeln und neben den Kinderchören der Bachchor und der Kammerchor Wiesbaden zu Hause. Dabei gab es anfangs Zweifel, ob der riesige Kuppelsaal überhaupt akustisch in den Griff zu bekommen wäre. Doch der Architekt kriegte es hin, übertraf sogar alle Erwartungen. Kirchenmusik ist seitdem der Schwerpunkt des Hauses.

Doch zurück zur Optik. Schon die Taufkapelle im Eingangsfoyer lässt staunen. Eine vergoldete Halbkuppel deutet den geöffneten Himmel an, der sich über Jesus bei seiner Taufe auftut. Im Kirchenraum dann lenken alle Linien den Blick nach vorn zur Einheit von Kanzel, Altar und Orgel – gestaltet nach den Prinzipien des Wiesbadener Kirchenbauprogramms, das auf die lutherische Predigtkirche verwies. Auch die leichte Absenkung des Fußbodens zum Altarraum hin bewirkt, dass der Besucher einerseits den Eindruck gewinnt, dem Altar nahe zu sein, sich andererseits aber wie im Konzerthaus fühlt.

Adresse Sartoriusstraße 16, 65187 Wiesbaden, Tel. 0611/8906730, www.lutherkirche-wiesbaden.de | **ÖPNV** sieben Minuten Fußweg vom Wiesbadener Hauptbahnhof | **Anfahrt** A 66, Ausfahrt Wiesbaden-Mainzer Straße / Stadtmitte, weiter auf der B 263 | **Öffnungszeiten** Offene Lutherkirche: Mo – Do 15 – 17 Uhr; Turm- und Orgelführungen nach Absprache möglich; Infos zum Programm »Musik an der Lutherkirche« siehe Website; Infos zur Singakademie unter www.singakademie-wiesbaden.de | **Tipp** Die fünf hohen Backsteintürme der Marktkirche überragen den Schlossplatz direkt gegenüber vom Hessischen Landtag. Eine Turmbesteigung lohnt sich wegen des grandiosen Blicks über die Landeshauptstadt (www.marktkirche-wiesbaden.de).

101 Die Nerobergkirche

Engelsstimmen unter der Goldkuppel

Fünf goldene Kuppeln sind das Erkennungszeichen der russisch-orthodoxen Kirche auf dem Wiesbadener Neroberg. Gekrönt werden die große und die vier kleinen Goldzwiebeln von typisch orthodoxen Kreuzen, bei denen der untere, schräge Querbalken den Übergang von der Hölle zum Himmel symbolisiert.

Richtung Himmel geht es auf jeden Fall erst mal für jene Besucher, die mit der historischen Nerobergbahn stilecht anreisen: 440 Meter steil bergauf, gezogen von Drahtseilen und Zahnstangen, bewegt durch Wasserlast. Oben angekommen, sieht man unterhalb der Bergstation Kirchtürme durch die Bäume blinken. Beim Näherkommen dann himmlische Klänge: Durch die offene Eingangstür dringt Chorgesang nach draußen. Im Inneren des von Kerzen erleuchteten Raums stehen sechs Männer – drei in Priestergewändern, drei in Zivil – im Kreis und singen a cappella. Andächtig intonieren sie Psalmen, auf Deutsch. Eigentlich beten sie, stimmen ein in den Gesang der Engel vor dem Thron Gottes, wie der Priester erklärt. Eine Orgel fehlt in dieser Kirche, denn Orthodoxe betrachten die menschliche Stimme als einzig legitimes Instrument, um dem Schöpfer Lobpreis darzubringen.

So viel ist nach dieser Szene klar: Die Nerobergkapelle ist keine Museumskirche für Touristen, sondern in erster Linie eine lebendige Gemeindekirche für rund 100 Mitglieder, die hier zum Gottesdienst zusammenkommen. Viele von ihnen stammen aus Russland, deshalb wird in Liturgie und Predigt neben der deutschen auch die russische Sprache verwendet.

Und warum steht diese Kirche überhaupt in der hessischen Landeshauptstadt? Eine tragische Geschichte: Herzog Adolf von Nassau ließ sie um 1850 als Grabkirche für seine geliebte Ehefrau, die russische Prinzessin Elisabeth Michailowna, bauen. Diese war 18-jährig zusammen mit ihrem ersten Kind bei dessen Geburt gestorben. Auf dem Neroberg sollten beide dem Himmel näher sein.

Adresse Christian-Spielmann-Weg 2, 65193 Wiesbaden, Tel. 0151/67851736, www.rok-wiesbaden.de (russischsprachig) | ÖPNV Nerobergbahn ab Talstation (Wilhelminenstraße 51) täglich 10–19 Uhr; Preis: 5 Euro für Berg- und Talfahrt | Anfahrt A 66, Ausfahrt Wiesbaden-Erbenheim, dann auf der B 455 Richtung Neroberg | Tipp Auf dem großen Gelände der Kirche befindet sich auch der sehenswerte, 1856 eröffnete Friedhof der russischen Gemeinde.

102 Der Nordfriedhof

Boten aus der jenseitigen Welt

Wahre Heerscharen von Engeln bevölkern den Wiesbadener Nordfriedhof. Mal liegen sie als niedliche Putten auf einem Grabstein, mal sitzen sie traurig mit hängenden Flügeln auf eine Urne gestützt neben den Toten, oder aber sie recken sich in heroischer Pose mit ausgebreiteten Schwingen den mächtigen Bäumen entgegen.

Die Aufgaben der himmlischen Wesen sahen die Bildhauer so: Engel behüten und begleiten die Toten auf ihrem letzten Weg in die jenseitige Welt. Sie bewachen die Grabstelle, trösten, schmücken und betrauern. Als Botschafter aus anderen Sphären scheinen die Friedhofsengel eine Brücke zu schlagen zwischen den Lebenden und den Toten. Allerdings gibt es auch den Todesengel, der Menschen den Tod bringt – als geflügelter Jüngling hält er auf dem monumentalen Grab des Unternehmerehepaars Schuckert eine nach unten gerichtete verlöschende Fackel in der Hand, die das Ende des Lebens symbolisiert.

Wenn man genauer hinschaut, sieht man, dass nicht alle Skulpturen auf Wiesbadens Pracht-Friedhof zur Gattung Engel gehören. Grabkunst ist als bunter Stilmix präsent: Auf einem Grab betört eine anmutige Tänzerin den Betrachter, woanders sitzt ein steinerner Pudel treu an der Seite seines toten Herrchens. Ein Gartenzwerg versteckt sich hinter Primeln, und ein Grabmal neueren Datums zeigt die Büste eines Karnevalsjecken mit Narrenkappe.

Musiker, Dichter, Schriftsteller, Bildhauer und Maler sind hier bestattet – auch prominente Namen wie den des Fußball-Bundestrainers Helmut Schön oder des Jazzmusikers Volker Kriegel kann man lesen. Rund 87.000 Verstorbene fanden seit 1877 auf dem Hügel zwischen Nero- und Adamstal ihre letzte Ruhestätte. Ein Spaziergang über den Nordfriedhof ist zu jeder Jahreszeit empfehlenswert. Der alte Baumbestand macht die Grabanlage zum Waldfriedhof – für viele Besucher ein wahrhaft himmlischer Natur- und Kulturort, der das Gemüt berührt.

Adresse Platter Straße 83, 65193 Wiesbaden, www.friedhoefe-wiesbaden.de/nordfriedhof | ÖPNV Busse 3, 6, Haltestelle Nordfriedhof | Anfahrt A 66, Ausfahrt Wiesbaden-Mainzer Straße / Stadtmitte, weiter auf der B 263 bis Nordfriedhof | Öffnungszeiten 7 – 20 Uhr | Tipp Heinz Schenk, 2014 verstorbener Entertainer und TV-Moderator der hessischen Kultsendung »Zum Blauen Bock«, liegt auf dem Friedhof Naurod begraben.

103 Die Sonnenberg-Kapelle

Durch Glas und Stahl entrückt ins Heilige Land

Feldkapellen – das sind Feld-, Wald- und Wiesenkirchen im Miniaturformat, wie sie früher einmal Bauern und Durchreisenden zum Innehalten und zur kurzen Andacht dienten. Eine moderne Variante dieser Sakralstationen am Weg steht in Wiesbaden etwas außerhalb der Wohnbebauung im Stadtteil Sonnenberg. Man steigt aus dem Auto, überquert eine Streuobstwiese und entdeckt nach ein paar Minuten Fußweg abgeschirmt von Bäumen ein auffälliges Konstrukt aus Steinen, Stahl und Glas.

Optisch dominiert ein sieben Meter hohes geneigtes Kreuz aus rostigem Eisen, darunter ein begehbarer Raum mit gläsernen Wänden, das Ganze eingefasst von einer Schiefermauer. Tagsüber gewährt ein offenes Tor Einlass. Wenn man die Einladung annimmt und den Innenhof betritt, findet man sich in einer abgeschlossenen Welt wieder, die eine besondere Atmosphäre der Ruhe und Meditation ausstrahlt. Im Schaukasten gegenüber wird eine Tiersegnung angekündigt – stimmig an diesem naturnahen Ort.

Ein Privatmensch hat die Feldkapelle gestiftet, und zwar mit einem klaren Konzept: Besucher des Ortes sollen in dieser spirituell geprägten Architektur zur Ruhe kommen, abschalten und gleichzeitig offen werden für andere. Gemäß der »Goldenen Regel«, die Judentum, Christentum und Islam verbindet und die Jesus in der Bergpredigt so formuliert: »Alles, was ihr wollt, dass euch die Menschen tun, sollt ebenso auch ihr ihnen tun.«

Die schlichte, fast karge Formensprache überzeugt. Nichts lenkt ab von der Grundidee, den Besuchern eine besinnliche Pause vom Alltag zu ermöglichen. Lediglich ein blau-rotes Glasfenster richtet die Gedanken auf das Unendliche aus. Die wenigen Kunstgegenstände im gläsernen Andachtsraum wollen eine Verbindung zur Bilderwelt des Alten Testaments herstellen: der brennende Dornbusch, ein ausgezogenes Paar Schuhe und ein Kerzenhalter mit sechs Engelsflügeln. Willkommen im Heiligen Land!

Adresse Vor den Fichten 7, 65193 Wiesbaden, www.feldkapelle-wiesbaden.de | Anfahrt Feldkapelle nicht direkt mit dem Auto zu erreichen, Parkmöglichkeiten zum Beispiel in der Kettlerstraße, ab hier über einen schmalen Wiesenpfad circa zehn Minuten zu Fuß, der Beschilderung folgen | Öffnungszeiten von Sonnenauf- bis Sonnenuntergang | Tipp Auch ein Solitär: Die Bergkapelle in Hofheim am Taunus steht für sich allein und abgelegen mitten im Wald auf dem Rabberg (Räuberberg) und vermittelt Besuchern Ruhe.

104 Das Atelier Münch

Bilder, die Himmel und Erde verbinden

Er malt nicht den Teufel an die Wand. Im Gegenteil: Eberhard Münch bringt mit seiner Kunst das Göttliche zum Ausdruck – mit expressiven Farben. Rot, Gelb, Blau, Schwarz, meist abstrakt, nur selten gegenständlich. Ziel ist, das Unaussprechliche auf der Leinwand festzuhalten. Ein Osterbild in leuchtendem Gelb entsteht dabei. Oder ein buntes Aquarellkreuz als Zeichen der Hoffnung. Oder ein intensiv strahlendes Wandbild, das Himmel und Erde durch die Botschaft der Auferstehung verbindet.

Herzstück seines kreativen Wirkens ist das Atelier in Wiesbaden-Biebrich, wo er auch interessierte Besucher empfängt. In einer ehemaligen Hofreite kommen ihm die Ideen zu den Modellen, die er andernorts im großen Maßstab umsetzt. »Er predigt in Farben«, sagt seine Frau Maria. Sie begleitet den studierten Kunstmaler und Raumgestalter im Atelier und bei Einsätzen auf Baustellen in Kirchen, Klöstern und Krankenhauskapellen. Münch ist nämlich mehr als ein Maler: Er kommt dort zum Einsatz, wo eine künstlerische Gesamtgestaltung gefragt ist. Kirchenräume sind seine Spezialität.

Aber auch Bilder, die gerahmt im Wohnzimmer hängen, und Illustrationen für Bücher und Kalender – etwa von Anselm Grün oder Margot Käßmann – entstehen in der Werkstatt. Steigt man eine Treppe höher, sind seine Werke in der Galerie zu bewundern. »Mich interessiert, wie man mit bildnerischen Mitteln dem Wort Gottes Ausdruck verleihen kann«, sagt der Mann mit den schulterlangen Haaren. In seiner Ausbildung hat er sich mit historischen Maltechniken von der Renaissance bis zur Architekturmalerei des 19. Jahrhunderts beschäftigt. Viele Betrachter erleben seine Kunst als spirituelle Kraftquelle. Energien will er in seinen modernen Bildern freisetzen. Nicht für ein elitäres Kunstpublikum, sondern für die Menschen, die die Räume nutzen – nach dem Motto: »Das Dargestellte ist immer eine Gratwanderung zwischen dem Realen und dem Geheimnisvollen.«

Adresse Didierstraße 5, 65203 Wiesbaden-Biebrich, www.atelier-muench.de, ateliermuench@t-online.de | **ÖPNV** vier Minuten Fußweg vom Bahnhof Wiesbaden-Biebrich | **Anfahrt** A 66, Ausfahrt Wiesbaden-Mainzer Straße, dann über Theodor-Heuss-Ring und Biebricher Allee | **Öffnungszeiten** einmal im Jahr Tage der offenen Tür, Termine siehe Website; Besuche nach Voranmeldung | **Tipp** In der katholischen Kirche St. Laurentius in Großkrotzenburg kann man eine Kirchenhimmel-Gestaltung von Eberhard Münch aus dem Jahr 2017 bestaunen.

105 Die Autobahnkirche

Raststätte für die Seele

Entschleunigung an der Ausfahrt Medenbach-West an der A 3 von Köln nach Frankfurt: Die Tachonadel kippt nach unten, das Auto rollt langsamer werdend an der Tankstelle vorbei und stoppt auf dem Parkplatz. Lkws in langen Reihen, Pkws neben der Raststätte. Dazwischen ein großes Holzkreuz vor einer Betonmauer. Spitz sticht ein schräges Glasdach in den Himmel und macht neugierig auf die Autobahnkirche Medenbach hinter der Mauer.

Der Besucher tritt über knirschenden Kies unter ein Baumdach mit kreuzgangähnlichen Arkaden, findet sich im Atrium mit Wassersprudlern wieder. Schon ist es ruhiger, der Verkehrslärm bleibt außen vor. Erst recht hinter den Glastüren der Kirche, wo Stille herrscht. Kerzen brennen. Tageslicht fällt von oben durch das künstlerisch gestaltete Kirchenfenster. Himmel, Wolken und Sonne bleiben erkennbar, anders als beim stundenlangen sturen Blick durch die Windschutzscheibe. Oase der Ruhe? Irgendwie passt dieser Name.

Autobahnkirchen sind ein deutsches Phänomen. 1958 wurde die erste Kirche ihrer Art in Adelsried an der A 8 von einem Fabrikanten gestiftet. Verkehrsschilder mit weißem Turm-Piktogramm auf blauem Grund weisen heute von der A 1 bis zur A 96 auf insgesamt 47 Autobahnkirchen und -kapellen hin. Sie laden ein zu einer Rast für die Seele, und zwar oft dort, wo auch das Auto betankt und menschliche Bedürfnisse befriedigt werden können, also an Autobahnraststätten. Wer steigt hier aus? Vor allem Menschen, die sonst eher selten in Kirchen gehen, die oft spontan »eine ungeplante Kurzweilinsel zum religiösen Auftanken« suchen, ergab eine Befragung.

In Hessens erster Autobahnkirche Medenbach, die von einem Spender finanziert und 2001 eingeweiht wurde, klappt es mit der Entschleunigung für die Seele. Abschalten – egal, ob die Besucher meditieren, beten oder einfach nur ohne Lenkrad vor sich in den Himmel gucken wollen.

Adresse Kontakt: Evangelische Kirchengemeinde Wiesbaden-Medenbach, In der Hofreite 8, 65207 Wiesbaden, Tel. 06122/13110, www.autobahnkirche-medenbach.de | **Anfahrt** an der A 3 zwischen der Ausfahrt Wiesbaden-Niedernhausen und dem Wiesbadener Kreuz an der Tank- und Rastanlage Medenbach-West, nur in Richtung Frankfurt erreichbar | **Tipp** Ein leuchtendes Kreuz auf dem Rasthof zeigt die ökumenische Autohofkapelle an der A 7 bei Kassel. Der begehbare Betonkubus will Reisenden »ein Licht auf dem Weg« sein (www.autobahnkapelle-kassel.de).

106 Der Besinnungsweg

Lebensspuren entdecken

Vier Kirchen verbindet der rund 17 Kilometer lange Upländer Pilgerweg miteinander: die von Willingen, Schwalefeld, Rattlar und Usseln. Einsteigen in die Wanderrundstrecke kann man an jedem dieser Orte, zum Beispiel in Rattlar. Wer die dortige Lichterkirche betritt, taucht ein in eine besondere Atmosphäre der Ruhe und Besinnung, die durch farbige Beleuchtung, dezente Musik und eine direkte Ansprache via Touchscreen erzeugt wird. Von hier aus geht's los – knapp fünf Kilometer über die Hügel durch Felder und Wiesen bis nach Usseln.

Schöne Aussichten und Rastplätze machen den Weg attraktiv. Spannend sind vor allen Dingen aber auch die Stationen, an denen man die »Perlen des Glaubens« kennenlernt. Das ist eine Art evangelischer Rosenkranz mit farbigen Kugeln, die zum Gebet anregen und ein Sinnbild für den eigenen Lebensweg und die Spuren Gottes sein können. Ausgedacht hat sich die Perlen des Glaubens ein schwedischer Bischof namens Martin Lönnebo. Er wollte den Menschen eine Anleitung zur Besinnung und zur Meditation buchstäblich »in die Hand geben«. Im Upland findet man seine Idee an den dreidimensional gestalteten Stationsschildern umgesetzt. Zum Beispiel ermutigt die dunkelblaue Perle, die für Gelassenheit steht, Wanderer dazu, die Dinge einfach mal auf sich zukommen zu lassen. Die goldene Perle erinnert an die Quellen, aus denen man Kraft schöpfen kann. Die gelbe Wüsten-Perle symbolisiert Durststrecken im Leben.

In den anderen Orten beginnen neue thematische Abschnitte des Pilgerwegs. Auf den knapp drei Kilometern von Willingen nach Schwalefeld etwa geht es um das bewusste Wahrnehmen der Umgebung – dunkle Täler, grüne Auen und erquickendes Quellwasser. In der Pilgerkirche Schwalefeld schließlich wird das noch einmal anders sinnlich erlebbar: Ein kleiner Wasserfall begrüßt die Besucher, begleitet von sanfter Musik und dem Duft von frischem Holz.

Adresse Start- und Endpunkt des Upländer Besinnungswegs: Pilgerkirche Schwalefeld, Ibergweg 3, 34508 Willingen / Upland, Tel. 05632/6348, www.kirche-willingen.de/pilgerweg | ÖPNV K55, K56, K59, Haltestelle Willingen-Schwalefeld Upländer Hof, fünf Minuten Fußweg | Anfahrt A 44, Ausfahrt Marsberg, über B 7 bis Willingen; alternativ von Korbach über B 251 | Tipp In der Kilianskirche in Usseln steht ein sehenswerter Altaraufsatz des Waldecker Barockbildhauers Josias Wolrad Brützel (1653 – 1733). Farbenfroh gestaltete der Meister auch die originellen Schnitzereien an der Kirchentür und an den Bänken.

107 Das »Don Camillo«

Zum Frühschoppen unter die Kanzel

Das prägnante Gebiss ist gut getroffen. Im Restaurant Don Camillo, einer ehemaligen Kirche im sauerländischen Willingen, steht der bekannte Film-Pfarrer als Puppe auf der Kanzel und grinst breit in die Schankstube, wo sich die Gäste an Theke und Tischen zuprosten. Kino-Nostalgiker erinnern sich sofort an den Schauspieler Fernandel, der in den 1950er und 60er Jahren den schlitzohrigen Priester in fünf »Don Camillo und Peppone«-Produktionen mimte. Der Plot des italienischen Filmklassikers: Don Camillo ist immer ein bisschen schlauer als sein Gegenspieler, der kommunistische Bürgermeister Peppone, und kann sich durchsetzen – nicht zuletzt, weil er sich auf himmlischen Beistand beruft und mitunter seine Fäuste zu gebrauchen weiß.

Auch in Willingen konnte sich »Don Camillo« behaupten: In der ehemaligen Dorfkirche des Touristenorts lassen sich heute Skifahrer und Wanderer aus Holland und dem Ruhrgebiet mit Bier und Hausmannskost verwöhnen. »Verdammt gut« lautet das Motto im Logo, das draußen am Gebäude mit dem Glockenturm prangt. Die gastronomisch ausgefallene Idee kommt in der Tat gut an und lockt schon zum Frühschoppen viele unter die Kanzel, die sonst kaum in einer Kirche zu finden sind.

Wie kam es zur neuen Nutzung? Das 1848 gebaute Gotteshaus war der evangelischen Kirchengemeinde zu klein geworden. Eine neue Betonkirche wurde errichtet, das alte Kirchlein 1967 entwidmet und zunächst als Heimatmuseum genutzt. Bis 1990 ein Gastronom »Don Camillo« in der einstigen Kirche etablierte. Viel von der spirituellen Atmosphäre blieb erhalten, aber der Altar ist verschwunden und wurde durch eine Zapfanlage ersetzt. Wo früher die Bänke standen, wird nun getanzt, und auf der Empore sind die Toiletten. Weil der Laden so gut läuft, wurde vor ein paar Jahren sogar angebaut. Diese himmlisch gute Idee hatte die Kirchengemeinde damals leider nicht.

Adresse Alte Kirchstraße 10, 34508 Willingen/Upland, Tel. 05632/6769, www.don-camillo-willingen.de | **ÖPNV** Bus 382, R48, Haltestelle Willingen Rathaus | **Anfahrt** A 44, Ausfahrt Marsberg, über B 7 bis Willingen; alternativ von Korbach über B 251 | **Tipp** Essen und trinken in einer ehemaligen Kirche kann man auch in Limburg: »Pastorale«, steht auf dem Schild an der einstigen Kapelle auf dem Schafsberg, die zu einem kulturellen Begegnungsort umgestaltet wurde (www.pastorale-kultursalon.de).

108_Willingens Highlights

Zwischen sky und heaven

In Willingen kommt man dem Himmel in mehrfacher Hinsicht nah – sowohl im Sinne von »sky« als auch von »heaven«. Denn auf verschiedenen Wegen geht es hoch hinaus, und dann heißt es schweben, schwingen, gleiten, rollen oder fliegen. Das verursacht Gefühle, die so manch einen in den siebten Himmel katapultieren.

Bei Skifahrern aus Holland und dem Ruhrpott ist der größte hessische Wintersportort beliebt. Wenn in den kalten Monaten Schnee liegt oder aus Schneekanonen auf den Berg geschossen wird, schweben sie mit der Kabinenbahn auf den 838 Meter hohen Ettelsberg, um von dort über die weiße Piste ins Tal zu gleiten.

An Sommertagen bietet sich auf dem Gipfel ein anderes Vergnügen: Wanderer klettern über 241 Treppenstufen auf die Aussichtsplattform des Hochheideturms, der Panoramablick geht weit übers Sauerland. Der Kick: Abenteurer seilen sich aus luftiger Höhe ab oder klettern an der 60 Meter hohen Außenwand rauf auf den Turm. Auf zwei Rädern rollen Mountainbiker über verschiedene Strecken bergab. Zu Deutschlands größtem Bike-Festival kommen Könner und Tausende Schaulustige nach Willingen. Und dann sind da noch die Gleitschirmflieger, die vom Ettelsberg oder vom Sonnenhang ins Tal starten.

Ein schöner Wanderweg führt von der Ettelsberg-Hütte zur Mühlenkopfschanze, mit 145 Metern die höchste der Welt, wo jedes Jahr Ende Januar unter großer Publikumsbeteiligung das FIS-Weltcup-Skispringen stattfindet. Die fliegenden Spitzensportler stürzen sich talwärts und erreichen Flugrekorde von bis zu 153 Metern. Und noch ein Superlativ: Ultimativ himmelhoch geht es auf dem Skywalk zu, der neuesten Attraktion Willingens. Mit 664 Metern Länge und 100 Metern Höhe soll demnächst Deutschlands längste Hängebrücke für 750 Personen zugelassen werden.

Alles zu viel Stress? Man kann den Berg natürlich auch zu Fuß hinunterwandern und dabei ganz entspannt in den blauen Himmel gucken.

Adresse Ettelsberg-Seilbahn, Zur Hoppecke 5, 34508 Willingen/Upland, Tel. 05632/969820, www.ettelsberg-seilbahn.de; Skywalk Willingen, An der Mühlenkopfschanze, 34508 Willingen/Upland, Tel. 05632/966324, www.skywalk-willingen.de | **ÖPNV** mit der Uplandbahn auf der Strecke Wabern–Kassel–Brilon bis zum Bahnhof Willingen | **Anfahrt** A 44, Ausfahrt Marsberg, über B 7 bis Willingen; alternativ von Korbach über B 251 | **Tipp** Zwischen Himmel und Erde ist es manchmal recht stürmisch: Der Kyrillpfad am Ettelsberg führt über umgestürzte Bäume und zeigt die Urgewalten der Natur.

109 Das Schloss Berlepsch

Von Rittern und Sannyasins

Seit 650 Jahren steht die imposante Burganlage auf einem Felssporn über der Werra – Stammsitz derer von Berlepsch, eines weitverzweigten althessischen Rittergeschlechts. In der 19. Generation ist heute Sittich Graf von Berlepsch Familienoberhaupt und Schlossherr des Anwesens, das sein Sohn Fabian zur Touristenattraktion ausgebaut hat. Besucher kommen mit Bussen und Autos zu Ritterspielen, Gruseldinner und Schlossführungen. Regelmäßig ist auch Sohn Thimon, ein berühmter Magier, mit seinen Shows auf Berlepsch zu erleben.

Der alte Graf hatte ursprünglich ganz andere Ambitionen mit dem Familienerbe. Als junger Mann interessierte sich Sittich für gesunde Ernährung, Yoga und spirituelle Entwicklung. Anfang der 1980er Jahre machte er sich zusammen mit seiner Frau zu einer Selbsterfahrungsreise nach Indien auf. Dort begegnete er dem damals sehr populären Guru Bhagwan, der viele Suchende aus dem Westen in seinen Bann zog. Zurück in der Heimat, wollte das Grafenpaar seine Erfahrungen umsetzen und mit Gleichgesinnten teilen. So entstand zuerst auf Schloss Berlepsch, dann auf dem nahen Gut Hübenthal ein Zentrum für Heilung, Kreativität und Meditation – bis heute ist »Parimal« eine Lebensgemeinschaft und ein Seminarort für einschlägig Interessierte.

Aus der kleinen Landkommune von Sannyasins hat sich ein offenes Netzwerk entwickelt. Graf Sittich scheint sich im Laufe der Jahrzehnte allerdings anderen Interessen zugewandt zu haben. Vielleicht hat er auch die christliche Familientradition und die alte Kapelle auf Schloss Berlepsch als seinen persönlichen Meditationsraum wiederentdeckt. Im Park befindet sich das renovierte Gotteshaus, das gern für Trauungen gebucht wird. Ein Vorfahr, Hans von Berlepsch, stand in einem besonderen Verhältnis zu Martin Luther: Er war es nämlich, der den vogelfreien Reformator zum Schein kidnappen ließ und auf der Wartburg versteckte.

Adresse 37218 Witzenhausen, Tel. 05542/507010, www.schlossberlepsch.de | Anfahrt A 7, Ausfahrt Hann. Münden / Hedemünden, dann über B 80 bis Witzenhausen und über L 3238 bis Berlepsch | Öffnungszeiten Mi – So 10 – 17 Uhr; Eintritt und Führungen kostenpflichtig | Tipp Fährt man an der Werra entlang flussabwärts, erreicht man nach einer halben Stunde Bad Sooden-Allendorf, wo es an der Kirche St. Crucis einen Bibelgarten mit dem Café Himmelspforte gibt (www.kirch-bibelgarten.de).

110 Der Dörnberg

Segelflieger, Sinnsucher, Spaziergänger

Der Hohe Dörnberg ist für viele ein wahrhaft himmlischer Ort – und zwar aus ganz unterschiedlichen Gründen: Da sind zunächst die Segelflieger, die bereits 1924 die Hochebene nahe Zierenberg zu ihrem Flugplatz machten. Tatsächlich ist der Dörnberg eines der ältesten Segelfluggebiete Deutschlands. Bei gutem Flugwetter werden die bemannten weißen Vögel mit einer Seilwinde in die Luft katapultiert, klinken ihre Schleppseile über der großen Grasfläche aus und kreisen dann in der Thermik am blauen Firmament. Mit der Hand über den Augen blinzelt man den Fliegern hinterher und summt »Über den Wolken muss die Freiheit wohl grenzenlos sein« – wobei es für die Segler optimal ist, wenn sich nur Kumuluswolken am Himmel zeigen.

Auch für die »Gemeinschaft Lebensbogen« ist der Dörnberg ein perfekter Ort. Unterhalb der markanten Helfensteine ist die Kommune, die alles miteinander teilt und sich für eine bessere Welt engagiert, vor einigen Jahren in den ehemaligen Landesjugendhof gezogen. Ein gutes Dutzend Leute will sich für »solidarische Ökonomie und Konsensentscheidungen« einsetzen, bietet Familien-Camps zum Klimawandel, Mandala-Ausstellungen, Gemeinschaftskurse und Wildkräuter-Seminare an. Beim One-Circle-Festival sucht man die mystische Ruhe und Kraft der Kelten auf den 500 Meter hohen Basaltfelsen der Helfensteine: »Sei Teil des Kreises!« Man kann sich aber auch einfach ins Café Helfensteine setzen und Kaffee und Kuchen genießen. Dort gibt es den »Vertrauenskiosk«, wo sich die Gäste selbst bedienen und ihren Obolus in ein Kästchen legen.

Und dann sind da noch all die anderen, die ohne Fluggerät und weltverbessernde Absichten als Spaziergänger am Dörnberg einfach nur die himmlische Weite genießen wollen. Mit oder ohne Hund verteilen sie sich als kleine Pünktchen auf der riesigen Hochebene – bei Flugbetrieb abseits der Start- und Landebahnen.

Adresse Naturparkzentrum Habichtswald, Auf dem Dörnberg 13, 34289 Zierenberg, Tel. 05606/533227, www.lebensbogen.org | **ÖPNV** Bus 118, Haltestelle Naturparkzentrum Habichtswald | **Anfahrt** A 44, Ausfahrt Zierenberg, über B 251 auf den Dörnberg | **Tipp** Eine Wanderung mit herrlichen Aussichten bietet der rund fünf Kilometer lange Alpenpfad rund um den Dörnberg – mit einem Abstecher zur Wichtelkirche.

111 Der Hasunger Berg

Wo der seltsame Heilige Heimerad hauste

Heimerad war ein seltsamer Heiliger. Der Eigenbrötler, den kein Kloster in seinen Mauern haben wollte, den das einfache Volk aber als Wundertäter verehrte, zog als verwahrloster Priester durchs Land, wurde verspottet und verprügelt, war dennoch mit Kaiserin Kunigunde gut bekannt und wurde zu guter Letzt tatsächlich heiliggesprochen. Er fand vor ziemlich genau 1.000 Jahren Zuflucht auf dem Hasunger Berg – einer flachen Kuppe, von der man heute auf Autos blickt, die über die A 44 von Dortmund nach Kassel rauschen. Hier oben auf dem Plateau grasen Kühe, ein paar Spaziergänger führen ihre Hunde aus und genießen die weite Aussicht übers nordhessische Hügelland.

Eigentlich ein wenig spektakulärer Ort, wären da nicht die Grundmauern einer Ruine und ein großes hölzernes Kreuz. Beides erinnert an eine Kirche, die sich genau dort befand, wo kurz nach Heimerads Tod am 28. Juni 1019 eine Wallfahrtsstätte entstand. Der christliche Einsiedler fühlte sich zuständig für die Michaelskapelle, die an der Stelle einer ehemaligen heidnischen Kultstätte errichtet worden war.

Der Legende nach soll er Wunder gewirkt, unter anderem einen toten Hahn zum Leben erweckt haben. Und er überwand angeblich den Teufel, der am Berg die Bäume zerschmetterte. Das Heiligenlexikon berichtet: »Heimerad starb als vom Volk hoch angesehener Wächter des Berges.«

Im kleinen Museum von Burghasungen erfährt man, dass über Heimerads Grab im 11. Jahrhundert ein Benediktinerkloster erbaut wurde, das es im Mittelalter zu einigem Ruhm und Reichtum brachte. Von dort klettern furchtlose Besucher über den Eco Pfad den steilen Berg hinauf und erreichen Heimerads himmlischen Ort. Geheimnisvoll ist auch ein Tümpel auf der Bergkuppe, von dem es heißt, er sei unterirdisch mit der Fulda verbunden. Tiere, die dort versanken, seien im 20 Kilometer entfernten Kassel wiederaufgetaucht.

Adresse Museum Kloster Hasungen, Hasunger Straße 21, 34289 Zierenberg-Burghasungen, Tel. 05606/519125, www.klostermuseum-burghasungen.de | ÖPNV Bus 110, Haltestelle Burghasungen | Anfahrt A 44, Ausfahrt Zierenberg, vom Museum Burghasungen 15 Minuten zu Fuß auf den Berg | Tipp Die Kirche von Zierenberg ist wie ein Bilderbuch: Mittelalterliche Wandmalereien zeigen Heiligenfiguren, Apostel und andere biblische Gestalten, die lange Zeit übertüncht waren (www.kirche-zierenberg.de).

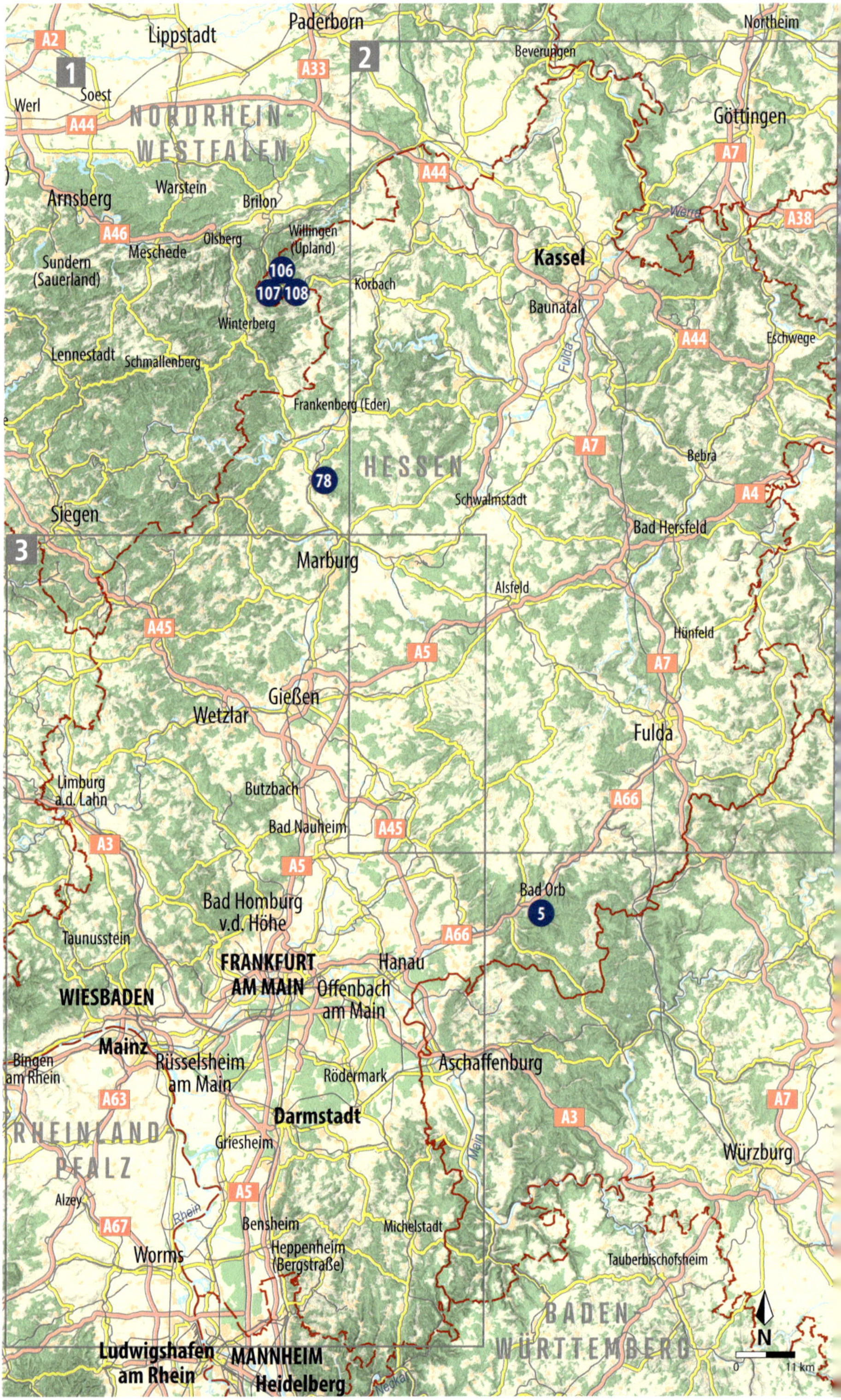
Lippstadt
Paderborn
Northeim
A2
1
A33
2
Beverungen
Werl
Soest
NORDRHEIN-
WESTFALEN
A44
Göttingen
A7
A44
Warstein
Arnsberg
Brilon
Werra
A38
A46
Willingen
(Upland)
Olsberg
Meschede
Sundern
(Sauerland)
106
107
108
Kassel
Korbach
Baunatal
Winterberg
A44
Eschwege
Lennestadt
Schmallenberg
Fulda
Frankenberg (Eder)
A7
HESSEN
Bebra
78
A4
Schwalmstadt
Siegen
Bad Hersfeld
3
Marburg
Alsfeld
A45
Hünfeld
A5
A7
Gießen
Wetzlar
Fulda
Limburg
a.d. Lahn
Butzbach
A66
Bad Nauheim
A45
A3
A5
Bad Orb
5
Bad Homburg
v.d. Höhe
Taunusstein
A66
FRANKFURT
AM MAIN
Hanau
WIESBADEN
Offenbach
am Main
Mainz
Bingen
am Rhein
Rüsselsheim
am Main
Aschaffenburg
Rödermark
A63
A7
A3
Darmstadt
RHEINLAND
PFALZ
Griesheim
Main
Würzburg
A5
Alzey
Rhein
A67
Bensheim
Michelstadt
Worms
Heppenheim
(Bergstraße)
Tauberbischofsheim
BADEN-
WÜRTTEMBERG
N
Ludwigshafen
am Rhein
MANNHEIM
Heidelberg
Neckar
0
11 km

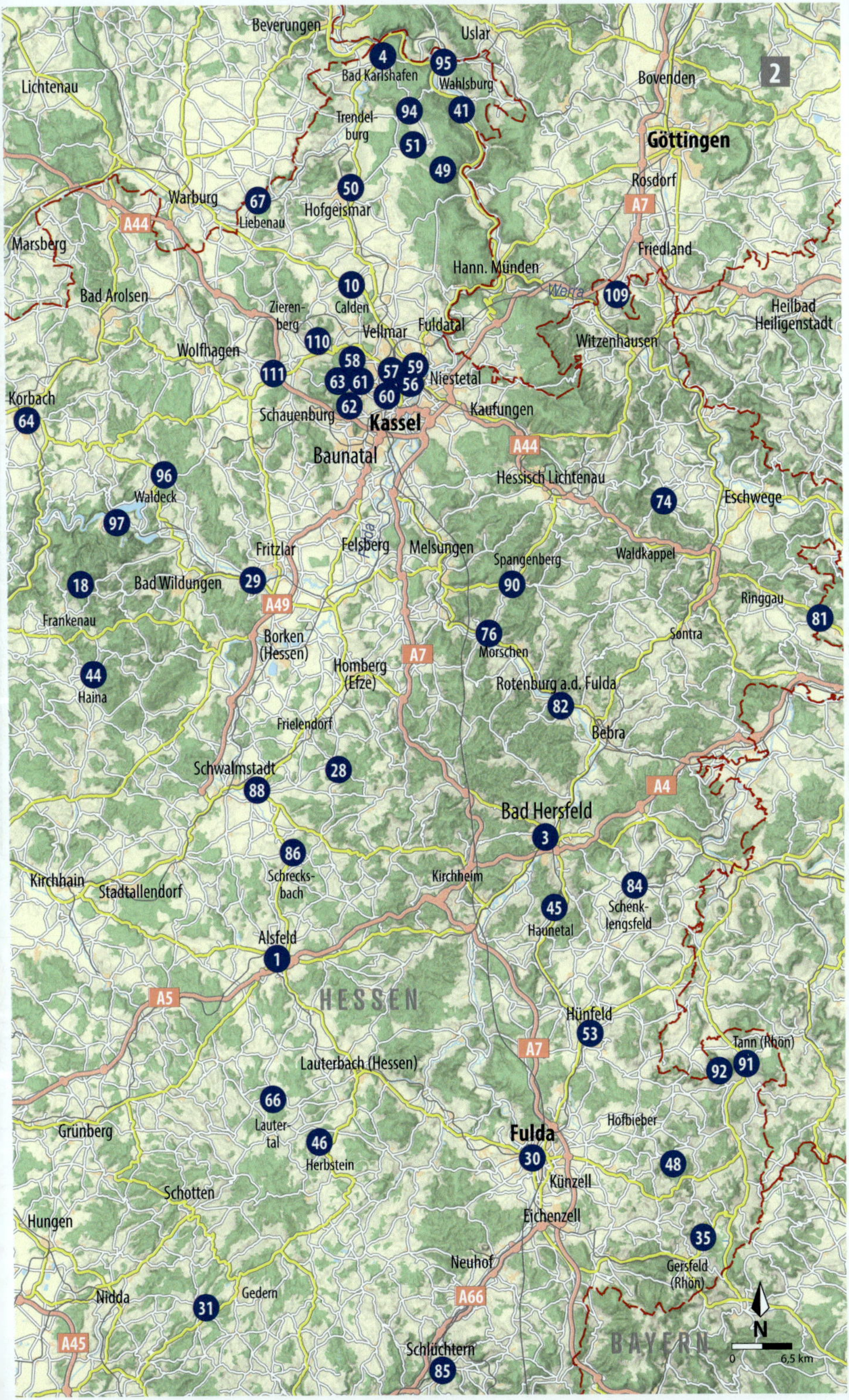
2
Beverungen
Uslar
4
95
Bad Karlshafen
Wahlsburg
Lichtenau
Bovenden
Trendel-
burg
94
41
51
Göttingen
49
Rosdorf
Warburg
67
50
A44
Liebenau
Hofgeismar
A7
Marsberg
Friedland
Hann. Münden
Bad Arolsen
10
Werra
109
Zieren-
berg
Calden
Heilbad
Heiligenstadt
Vellmar
Fuldatal
Witzenhausen
110
Wolfhagen
58
59
57
111
63
61
56
Niestetal
60
Korbach
Kaufungen
62
64
Schauenburg
Kassel
A44
Baunatal
Hessisch Lichtenau
96
74
Eschwege
Waldeck
97
Fritzlar
Felsberg
Melsungen
Spangenberg
Waldkappel
18
Bad Wildungen
29
90
A49
Ringgau
Frankenau
81
76
Borken
(Hessen)
Sontra
Morschen
A7
Homberg
(Efze)
44
Haina
Rotenburg a.d. Fulda
82
Frielendorf
Bebra
Schwalmstadt
28
88
A4
Bad Hersfeld
3
86
Schrecks-
bach
Kirchheim
84
Kirchhain
Stadtallendorf
45
Schenk-
lengsfeld
Haunetal
Alsfeld
1
A5
HESSEN
Hünfeld
53
A7
Tann (Rhön)
92
91
Lauterbach (Hessen)
66
Hofbieber
Lauter-
tal
Grünberg
46
Herbstein
Fulda
30
48
Künzell
Schotten
Eichenzell
Hungen
35
Neuhof
Gersfeld
(Rhön)
Nidda
31
Gedern
A66
N
A45
Schlüchtern
BAYERN
0
6,5 km
85

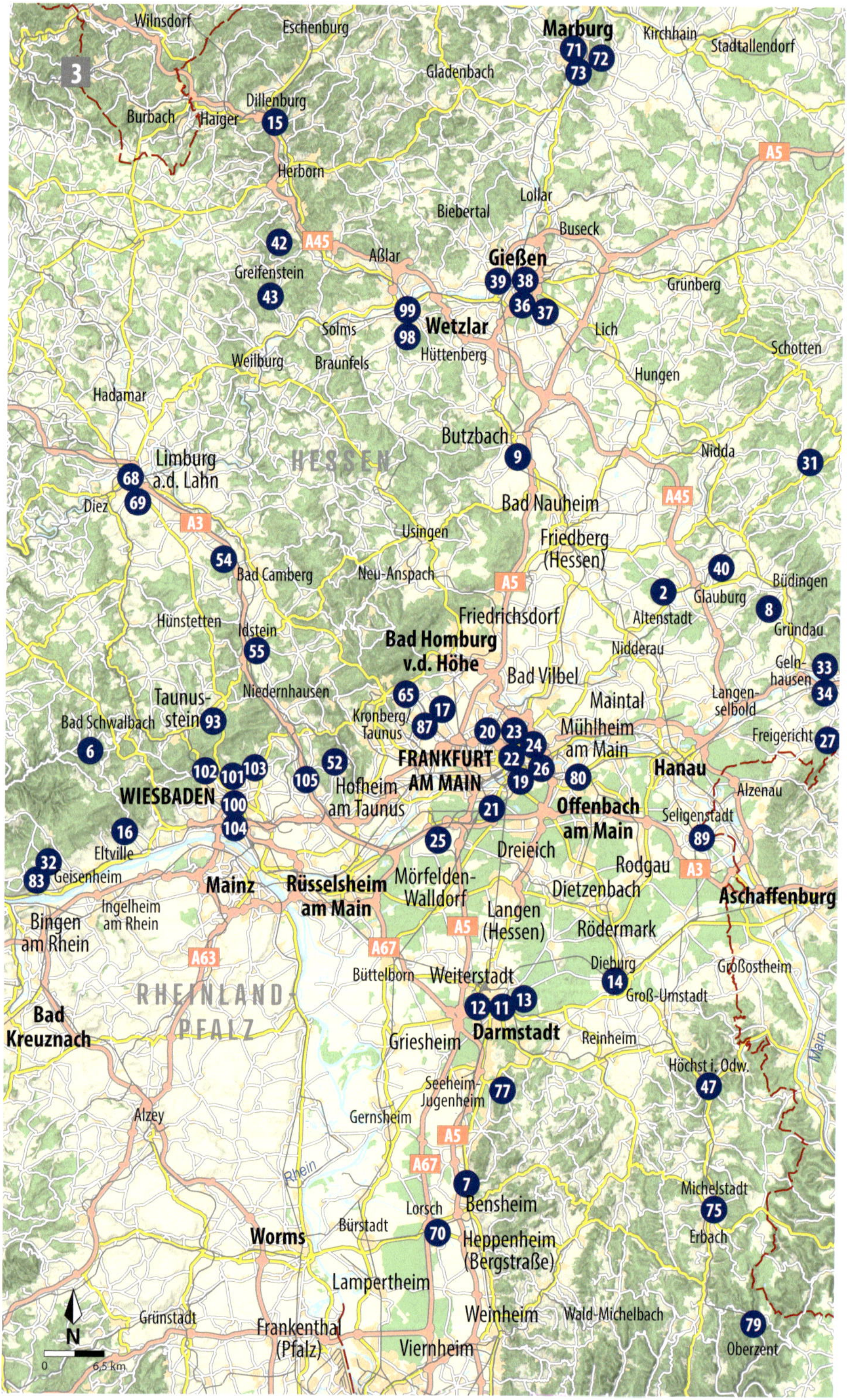
3
Wilnsdorf
Eschenburg
Marburg
71
72
73
Kirchhain
Stadtallendorf
Gladenbach
Dillenburg
Burbach
Haiger
15
Herborn
A5
Lollar
Biebertal
Buseck
42
A45
Aßlar
Gießen
39
38
Greifenstein
43
36
37
Grünberg
99
Wetzlar
Solms
98
Lich
Hüttenberg
Schotten
Weilburg
Braunfels
Hungen
Hadamar
Butzbach
Limburg a.d. Lahn
HESSEN
9
Nidda
31
68
69
Diez
Bad Nauheim
A45
A3
Usingen
Friedberg (Hessen)
54
Bad Camberg
Neu-Anspach
A5
40
Büdingen
2
Glauburg
8
Hünstetten
Friedrichsdorf
Altenstadt
Gründau
Idstein
55
Bad Homburg v.d. Höhe
Nidderau
Bad Vilbel
Geln-hausen
33
34
Taunus-stein
Niedernhausen
65
Maintal
Langen-selbold
Bad Schwalbach
93
Kronberg/ Taunus
17
87
20
23
Mühlheim am Main
Freigericht
27
6
24
FRANKFURT AM MAIN
22
26
52
102
101
103
105
Hofheim am Taunus
19
80
Hanau
Alzenau
WIESBADEN
100
Offenbach am Main
21
Seligenstadt
16
104
25
89
Eltville
Dreieich
32
83
Geisenheim
Mainz
Rüsselsheim am Main
Mörfelden-Walldorf
Rodgau
A3
Dietzenbach
Aschaffenburg
Bingen am Rhein
Ingelheim am Rhein
Langen (Hessen)
Rödermark
A5
A63
A67
Dieburg
Großostheim
Büttelborn
Weiterstadt
14
RHEINLAND-PFALZ
12
11
13
Groß-Umstadt
Bad Kreuznach
Darmstadt
Griesheim
Reinheim
Main
Höchst i. Odw.
Seeheim-Jugenheim
77
47
Alzey
Gernsheim
A5
A67
Rhein
7
Michelstadt
Lorsch
Bensheim
75
Bürstadt
70
Worms
Heppenheim (Bergstraße)
Erbach
Lampertheim
Weinheim
Wald-Michelbach
79
N
Grünstadt
Frankenthal (Pfalz)
Viernheim
Oberzent
0
6,5 km

Dietmar Hoos
111 Orte in Kassel, die man gesehen haben muss
ISBN 978-3-7408-1879-1

Eva Wodarz-Eichner, Karsten Eichner
111 Orte in Wiesbaden, die man gesehen haben muss
ISBN 978-3-7408-1634-6

Tim Frühling
111 Orte an Main und Kinzig, die man gesehen haben muss
ISBN 978-3-7408-1345-1

Daniel Robbel, Horst Hohn
111 Orte im Westerwald, die man gesehen haben muss
ISBN 978-3-7408-1229-4

Tim Frühling
111 Orte in der Rhön, die man gesehen haben muss
ISBN 978-3-7408-1605-6

Laszlo Trankovits
111 Orte rund um den Äppelwoi, die man gesehen haben muss
ISBN 978-3-7408-0861-7

Dorothee Fleischmann, Carolina Kalvelage
111 Orte im Weserbergland, die man gesehen haben muss
ISBN 978-3-7408-1511-0

Dorothee Fleischmann
111 Orte im Taunus, die man gesehen haben muss
ISBN 978-3-7408-1420-5

Tim Frühling
111 Orte in Mittelhessen, die man gesehen haben muss
ISBN 978-3-7408-1232-4

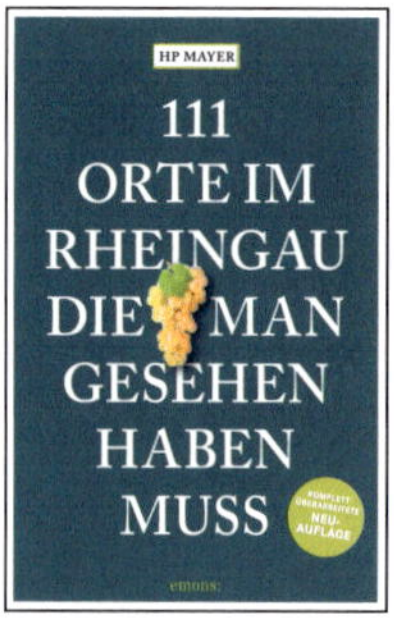

HP Mayer
111 Orte im Rheingau, die man gesehen haben muss
ISBN 978-3-7408-0999-7

Anna Köhler
111 Orte in Offenbach, die man gesehen haben muss
ISBN 978-3-7408-0982-9

Holger Grumt Suárez,
Roland Grumt Suárez
111 Orte in und um Gießen, die man gesehen haben muss
ISBN 978-3-7408-0971-3

Ingo Stock
111 Orte im Werra-Meißner-Kreis, die man gesehen haben muss
ISBN 978-3-7408-0855-6

Sonja Morawietz,
Hartmut Heinemann
111 Orte in Darmstadt, die man gesehen haben muss
ISBN 978-3-95451-920-0

Thomas Baumann
111 Orte in der Kurpfalz, die man gesehen haben muss
ISBN 978-3-89705-891-0

Jens Burmeister
111 Orte am Mittelrhein, die man gesehen haben muss
ISBN 978-3-7408-1745-9

Christina Bacher
111 Orte in und um Marburg, die man gesehen haben muss
ISBN 978-3-7408-1225-6

Gertrud Steiger, Joachim Steiger
111 Orte im Odenwald, Spessart und an der Bergstraße, die man gesehen haben muss
ISBN 978-3-7408-1512-7

Martin Droschke
111 Kirchen in der Oberpfalz, die man gesehen haben muss
ISBN 978-3-7408-1629-2

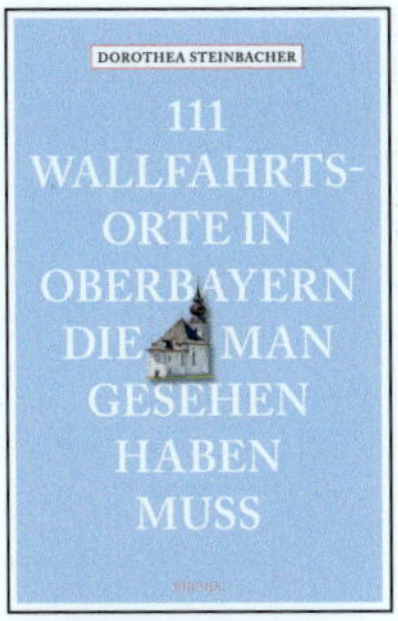

Dorothea Steinbacher
111 Wallfahrtsorte in Oberbayern, die man gesehen haben muss
ISBN 978-3-7408-1284-3

Monika Schmitz
111 Kölner Kirchen, die man gesehen haben muss
ISBN 978-3-7408-0991-1

Andreas Malessa
111 Bibeltexte, die man kennen muss
ISBN 978-3-7408-1101-3

Rüdiger Liedtke
111 Heilige im Rheinland, die man kennen muss
ISBN 978-3-7408-0886-0

Christina Kuhn, Christian Löhden
111 Orte in der Pfalz, die man gesehen haben muss
ISBN 978-3-7408-1783-1

Bernd Imgrund
111 Orte in der Eifel, die man gesehen haben muss
ISBN 978-3-7408-1677-3

Regina Urbach
111 Orte in und um Worms, die man gesehen haben muss
ISBN 978-3-7408-1172-3

Peter Bieg
111 Orte in Trier, die man gesehen haben muss
ISBN 978-3-7408-1294-2

Daniel Robbel, Dirk Unschuld
111 Orte im Ahrtal, die man gesehen haben muss
ISBN 978-3-7408-1370-3

Peter Friesenhahn, Elisabeth Friesenhahn
111 Orte im Hunsrück, die man gesehen haben muss
ISBN 978-3-7408-1090-0

Bernd Imgrund
111 Orte in der Eifel, die man gesehen haben muss, Band 2
ISBN 978-3-7408-0552-4

Stefanie Jung
111 Orte in Mainz, die man gesehen haben muss
ISBN 978-3-95451-041-2

Barbara Kemmer, Frank Schmitt
111 Orte in Koblenz, die man gesehen haben muss
ISBN 978-3-7408-0439-8

Anke Müller
111 Orte an der Mosel, die man gesehen haben muss
ISBN 978-3-95451-325-3

Dina Knorr
111 Orte im Sauerland, die man gesehen haben muss
ISBN 978-3-7408-1509-7

Martin Nusch
111 Mal mit WDR 2 raus in den Westen
ISBN 978-3-7408-1191-4

Martin Nusch
111 Mal mit WDR 2 raus in den Westen, Band 2
ISBN 978-3-7408-1465-6